simplify your life®

Küche, Keller, Kleiderschrank
entspannt im Griff

Werner Tiki Küstenmacher ist evangelischer Pfarrer und arbeitet seit 1990 als freiberuflicher Karikaturist und Autor. Er hat bereits über 50 Bücher verfasst, darunter gemeinsam mit Lothar J. Seiwert den internationalen Bestseller *Simplify your life*. Seine Frau *Marion Küstenmacher* und er sind Chefredakteure des monatlich erscheinenden Beratungsdienstes *simplify your life*®. Gemeinsam sorgen sie dafür, dass sie Familie und Hund, Haus und Garten entspannt im Griff haben. Mehr Informationen unter www.simplify.de

Marion und
Werner Tiki Küstenmacher

simplify® your life

Küche, Keller, Kleiderschrank entspannt im Griff

mit Karikaturen von
Werner Tiki Küstenmacher

Campus Verlag
Frankfurt/New York

Bibliografische Information der Deutschen Bibliothek.
Die Deutsche Bibliothek verzeichnet diese Publikation in der
Deutschen Nationalbibliografie. Detaillierte bibliografische
Daten sind im Internet über http://dnb.ddb.de abrufbar.
ISBN 3-593-37790-X

Umschlaggestaltung: Guido Klütsch, Köln
Umschlagmotiv: Werner Tiki Küstenmacher
Druck und Bindung: Druckhaus Beltz, Hemsbach
Gedruckt auf säurefreiem und chlorfrei gebleichtem Papier.
Printed in Germany

Besuchen Sie uns im Interent: www.campus.de

Inhalt

Vorwort

»Diese ganze Aufräumerei, ist das nicht arg pingelig? Das Chaos hat doch seinen Charme!«, so werden wir häufig angesprochen. Und deshalb wollen wir eines gleich zu Anfang klarstellen: Dies ist kein Buch für Ordnungsfanatiker und Perfektionisten. Die Vision hinter *simplify your life* ist nicht der makellos entrümpelte, minimalistisch ausgestattete Haushalt, sondern eine Umgebung, die Ihnen hilft, heiter und gelassen Ihre alltäglichen Pflichten zu erfüllen – ein Ambiente, das Sie nicht nervt, sondern Ihr Herz erfreut! Da dürfen ruhig auch nutzlose Dinge herumstehen, die einfach nur schön sind. Das Wort »dürfen« sollte eigentlich gar nicht vorkommen, denn wir wollen Ihnen nichts »verbieten«. Im Gegenteil: Ausprobieren, Umbauen oder Umdekorieren sind ausdrücklich gestattet. Wir möchten Sie mit diesem Büchlein ermutigen, Ihre persönliche Wohnumgebung nicht zu ertragen, sondern zu gestalten.

Klingt das für Sie nach großer Anstrengung? Keine Angst: Das täuscht. Mit ein paar Tipps und erprobten Hilfsmitteln geht das Sich-Ändern und das Umgestalten der Umgebung erstaunlich leicht von der Hand. Wir sammeln seit 1998 die bewährtesten Kniffe und Erfahrungen von professionellen Aufräumern, von Haushaltsprofis und Wohnexperten. Dazu kommen eine Menge eigener Erfahrungen - samt der selbst erlittenen Fehler ...

Freuen Sie sich auf die wunderbarste und aufregendste Art, mit dieser sich ständig ändernden Welt umzugehen: indem Sie sie mitändern. Fangen Sie an im Kleinen, dann werden Sie wie von selbst im Großen weitermachen!

Viel Freude dabei wünschen Ihnen

Marion und Werner Tiki Küstenmacher

Das Geheimnis der richtigen Einstellung

Kaufen ist für fast alle Menschen zur täglichen Gewohnheit geworden. Im Durchschnitt besitzen wir zwischen 10 000 und 13 000 Gegenstände, sagen Experten. Und es werden immer mehr, weil wir zum Horten neigen. Wir häufen Dinge an, weil uns eines schwer fällt: das Wegwerfen. Die meisten Menschen wissen zwar, dass sie viele Sachen gar nicht brauchen – behalten sie aber trotzdem.

»Äußeres Chaos ist ein Zeichen für inneres Chaos«, lautet eine der Grundweisheiten von simplify your life. Viele Menschen denken: »Wenn ich diese schwierige Phase in meinem Beruf hinter mir habe, bringe ich zu Hause endlich alles auf Vordermann.« Meist bleiben solche Gedanken nur gute Vorsätze – und das

unangenehme Gefühl, dass irgendetwas schief läuft, wird stärker. Der simplify-Weg nutzt die Erfahrung, dass es andersherum viel besser funktioniert. Räumen Sie eine kleine Einheit (Ihren Schreibtisch, Ihren Kleiderschrank oder nur eine Schublade) nach ein paar einfachen Regeln auf – und spüren Sie den Schwung, der Sie nach dieser kleinen Aktion packt. simplify bedeutet nicht, dass ab heute Ihre Wohnung oder Ihr Haus perfekt aufgeräumt und durchorganisiert sein soll. Fangen Sie lieber mit *einem* unserer Tipps an, denn das Geheimnis von simplify ist nicht, den Wald zu roden, sondern eine Bresche zu schlagen.

Denken Sie anders

Damit Sie sich in Ihrem Zuhause wohl fühlen und Ihre »eigene« Ordnung finden, brauchen Sie zuerst das richtige geistige Rüstzeug, das Ihnen beim Kampf gegen das Alltagschaos zur Seite steht. Lassen Sie die folgenden Gedanken auf sich wirken.

Wer Ordnung schafft, übernimmt die Führung Der amerikanische Star-Architekt Louis Kahn dachte jahrelang darüber nach, was Ordnung ist. Er kam zu dem Ergebnis, dass Ordnung zu schaffen bedeutet, in seinen Räumen die geistige Führung zu übernehmen und den Dingen ihren Weg zu weisen. Das ist dein Platz, da gehörst du hin. Oder auch: Du hast hier ausgedient oder keine Funktion, also habe ich entschieden, dass du gehst. Hilfreich ist es dabei, die Unordnung zu durchschauen. Wenn Sie vor Ihrem inneren Auge sehen können, wie es aufgeräumt und sauber aussieht, wissen Sie intuitiv, was wo hingehört.

Wer im Chaos lebt, bleibt in der Vergangenheit Unnütze Dinge in Wohnung und Büro belasten die Seele mehr, als viele ahnen. Ihr Bewusstsein hat gelernt, über ungeordnete Regale und vollgestopfte Zimmer hinwegzusehen. Ihr Unterbewusstsein ist damit überfordert und belastet. Frei ist es erst, wenn das Zeug aus dem Haus ist. Denn was auch immer Sie aufheben – es sind Gegenstände aus der Vergangenheit. Je mehr Sie horten, umso stärker werden Sie im Gestern festgehalten.

Schalten Sie von Gewesenem auf Kommendes um, von Rückblick auf Neugier. Rufen Sie beim Entrümpeln die guten Erinnerungen wach, die sich mit Ihren alten Schulheften oder den ausgelesenen Romanen verbinden. Machen Sie sich deutlich, dass die wahren Schätze Ihrer Vergangenheit in Ihnen selbst aufgehoben sind und nicht in den Dingen. Dann können Sie sich mit Wärme und Güte von den meisten Sachen verabschieden. Heben Sie für die allerwichtigsten Erinnerungen ein paar wenige Gegenstände auf. Durch die reduzierte Zahl werden diese Erinnerungen noch wertvoller.

Warum wir horten Meist gibt es einen tieferen Grund dafür, warum Sie sich schwer tun, etwas wegzuwerfen. Unbewusste Blockadesätze können Sie davon abhalten:

- *Ich habe keine Zeit:* Immer kommt etwas Wichtigeres dazwischen. Es gelingt Ihnen einfach nicht, dranzubleiben. *simplify-Gedanke:* Ihre voll gestopften Regale oder gar ganzen Zimmer sind ein Abbild Ihres Zeitempfindens. Alles ist blockiert, nichts ist frei. In Wirklichkeit haben Sie viel mehr Zeit, als Sie ahnen.

- *Ich brauche Liebe:* Sie schützen sich mit Gegenständen vor dem Verlust Ihres Partners oder besitzen sie anstelle eines Partners. *simplify-Gedanke:* Dinge geben Ihnen keine Liebe, niemals. Erinnerungsstücke sind zwar schön – aber brauchen Sie wirklich so viele davon?
- *Ich bin schuldig:* Sie haben ein schlechtes Gewissen, wenn Sie all die wertvollen Sachen wegwerfen. *simplify-Gedanke:* Werfen Sie die Schuld mit weg. Denken Sie gut über die Menschen, aber verschenken Sie deren Gaben mit gutem Gewissen.

- *Ich bin hilflos:* Sie wissen nicht, wo Sie anfangen sollen und fühlen sich erdrückt. *simplify-Gedanke:* Warten Sie nicht länger auf den Flaschengeist, der Ihnen alles wegzaubert. Beginnen Sie jetzt sofort mit einem kleinen Abschnitt, egal wo.

Was ist Krempel?

Die Lebensberaterin Barbara Sher rät zu einer genauen Analyse des Begriffs: Nicht nur die herumliegenden Sachen, die ein Zimmer unordentlich aussehen lassen, sind Krempel. Auch Menschen mit blitzsauber aufgeräumter Wohnung haben jede Menge Krimskrams – bei ihnen ist er nur besser versteckt. Psychologisch betrachtet ist Krempel alles, was Sie in den seufzenden Ojeich-sollte-eigentlich-Zustand versetzt. Er stellt sich Ihrem Traum vom einfachen, glücklichen Leben in den Weg. Barbara Sher hat daraus eine Philosophie gemacht: Räumen Sie nicht nur auf, sondern verändern Sie zuerst Ihre Einstellung dazu.

Sehen Sie ein, dass Sie Gerümpel brauchen Die vielen Sachen um Sie herum sind keine Naturkatastrophe, sondern sie erfüllen alle irgendwelche geheimen Bedürfnisse. Eine Frau wirft einen alten, ausgebauten Elektromotor ohne Bedenken fort, ein Mann würde zögern. Umgekehrt ist es wahrscheinlich bei einer handgetöpferten Kanne. Jedes Stück, ob wirklich brauchbar oder nicht, ist mit einer Person verbunden und hat eine emotionale Bedeutung. Wer viele Sachen besitzt, fühlt sich reich, sicher und bedeutend. Er hat das Gefühl, viele Möglichkeiten zu haben. Kein Mensch mit vollen Bücherregalen hat all die Bücher gelesen. Aber er liebt die Vorstellung, es vielleicht einmal zu tun, und er schätzt den Nimbus des Gebildetseins, den sie vermitteln.

Sehen Sie der Wirklichkeit ins Auge: Alle Versprechungen, die Ihnen die Dinge machen,

sind leer. Gerümpel tut genau das Gegenteil von dem, was es verspricht. Es frisst die Zeit auf, in der Sie sich eigentlich Ihre Träume erfüllen könnten.

Entsorgen Sie Ihre Erwartungen Perfektionismus ist eine der schlimmsten Blockaden für ein geordnetes Leben in heiterer Gelassenheit. Sie sind ein Mensch und haben eine natürliche Belastbarkeitsgrenze. »Das Problem von unordentlichen Menschen«, so die amerikanische Expertin Barbara Hemphill, »ist weniger ein Mangel an Organisation, als vielmehr ein Mangel an Perspektive.« Solche Menschen sehen wie durch eine Röhre nur das, was sie eigentlich tun sollten – das verstellt den Blick auf das, was Sie tun *können*. Dadurch fehlt ihnen die Energie, die Aufgaben in der Gegenwart zu erledigen. Sie verlieren den großen Blick in die Zukunft, die Freude an den Möglichkeiten und Überraschungen, den weiten Horizont geistig wacher und freier Menschen.

Jeder Stapel und jede andere Ansammlung von Dingen, die getan werden *müssten*, verstellen ihnen diesen Horizont. Barbara Hemphill rät daher: »Was Sie neben Ihren Papierstapeln und Ihren chronischen Schubladen ausmisten sollten, sind Ihre Erwartungen an sich selbst. Hier ist es meist am schrecklichsten überfüllt.«

Richten Sie eine Traumecke ein Alles hat in Ihrer Wohnung einen Platz: Essen, Kochen, Schlafen und Fernsehen. Nur Ihre eigene Zukunft nicht. Wenn es Ihnen schwer fällt, mit dem Aufräumen zu beginnen, können Sie einen ersten einfachen Schritt machen, der auch noch Spaß macht: Reservieren Sie einen gerümpelfreien Platz für Ihre Träume! Manche nennen das Meditationsort, Kapelle oder einfach »meine Ecke«.

Räumen Sie eine Wand frei, möglichst mit einem Fenster. Schaffen Sie ein paar Quadratmeter Luft. Platzieren Sie dort etwas, was den Raum freihält: einen niedrigen Tisch oder einen Teppich. Ihre Traumecke ist nun ein Ort für pure Fantasie (ohne Datum, ohne Zwang, ohne »Eines Tages sollte ich ...«) und zukünftige Dinge – von der Planung Ihres nächsten Urlaubs bis zu Ihrem Lebenstraum.

Gerade wenn Sie ansonsten mit Ihrer Wohn-Umgebung noch gar nicht zufrieden sind, werden Sie bald merken, dass Sie die falschen Versprechungen der vielen Dinge nicht mehr brauchen. Im Vergleich zu den Gedanken in Ihrer Traumecke wirkt das Gerümpel im übrigen Teil Ihrer Wohnung langweilig!

Wozu Gerümpel führt

Stapel mit ungelesenen Zeitschriften, ungebügelter Wäsche oder unerledigten Aufgaben sind deswegen so belastend, weil Sie dadurch in der Vergangenheit festgehalten werden. Jeder Stapel sagt unausgesprochen zu Ihnen: Du hättest früher etwas anders machen sollen – die Vergangenheit aber lässt sich nicht mehr ändern. Um dieses Dilemma zu lösen, unternimmt Ihr Unbewusstes abenteuerliche Klimmzüge und bringt Ihnen folgende Probleme:

Übergewicht Wer sich mit vielen unnützen Dingen in seiner Wohnung umgibt, umgibt auch seine Taille mit unnützen Pfunden - eines wie das andere dient als eine Art Schutzwall. Wenn Sie abnehmen möchten, sollten Sie daher unbedingt mit einer Diät Ihrer Wohnung beginnen und unbenutzte Dinge entsorgen. Leider ist es nicht so, dass dadurch automatisch die Pfunde purzeln. Aber welche Therapie zur Reduzierung Ihres Körpergewichts Sie auch wählen – wenn Ihre Wohnung weiterhin voll gestopft ist, sinken Ih-

re Chancen auf eine dauerhafte schlanke Körperlinie fast gegen Null.

Aufschieberitis Diesen Stapel bringe ich ja heute /diese Woche /diesen Monat /dieses Jahr doch nicht mehr weg – warum sollte ich mich dann diese andere Aufgabe überhaupt anfangen?« So ungefähr denken die unbewussten Anteile Ihrer Persönlichkeit und

helfen dadurch kräftig mit, dass immer weitere Stapel entstehen. So ulkig es klingt, es hilft: Wenn Sie Ihre Haufen mit unerledigten Dingen nicht mehr direkt vor Augen haben, widmen Sie sich unbeschwerter den Aufgaben, zu deren Erledigung Sie noch Zeit und Lust haben.

Ein anderer Kniff gegen Aufschieberitis: Räumen Sie dann auf, wenn Sie eigentlich am wenigsten Zeit dafür haben. Befehlen Sie sich im ärgsten Stress „Alle Maschinen stopp!“ und entrümpeln Sie Ihren Schreibtisch, Ihre Küchenarbeitsplatte, Ihre Werkbank oder wo immer Sie mit vollem Elan arbeiten müssten. Viele Menschen verschieben die Aufräumerei auf den Tag, »an dem Zeit dafür ist«. Der kommt aber nie.

Geldnöte Wer Dinge hortet, tut das meist, um Geld zu sparen. Tatsächlich hat es jedoch häufig den gegenteiligen Effekt: Sammlernaturen sind anfällig für Sonderangebote und kaufen unnötige Dinge nur wegen des Preises. Vor allem aber verbauen sie sich den Blick auf neue Möglichkeiten, aktiv Geld zu verdienen. Deshalb der *simplify-Tipp:* Starten Sie Ihre Entrümpelungsaktion damit, Sachen bei eBay oder auf dem Flohmarkt zu verkaufen. Damit programmieren Sie sich um vom passiven »Sparen« auf das aktive Anzapfen neuer Einnahmequellen.

Eine neue Gewohnheit

Das regelmäßige Entsorgen von Dingen, die nicht mehr benötigt werden, ist – im Gegensatz zum Kaufen – meist dem Zufall überlassen oder geschieht nur sporadisch. Schubladen, Schränke und Regale füllen sich,

und als kostspielige Folge müssen neue Ablagen gekauft werden. Dabei gilt ein simplify-Prinzip: Echte Vereinfachung erreichen Sie niemals dadurch, indem Sie immer mehr Stauraum anschaffen!

Die Wegwerfstrategie Betrachten Sie das Wegwerfen als etwas ebenso Selbstverständliches wie das Kaufen. Mit dieser Einstellungsänderung beginnen Sie einen neuen Abschnitt in Ihrem Leben. Vereinbaren Sie mit sich selbst, ab heute jeden Tag konsequent ein, zwei oder drei Dinge aus Ihrer Wohnung oder Ihrem Büro in den Abfall zu verbannen – so wie Sie bisher fast jeden Tag etwas gekauft haben. Im Laufe eines Jahres ergibt das rund 1 000 Dinge, von denen Sie sich entlasten und zugleich Raum für Neues, Besseres und Sinnvolleres schaffen. Das heißt aber nicht, dass Sie entstehende Lücken unbedingt auffüllen müssen. Freuen Sie sich über die Schublade, in der nur noch das liegt, was Sie wirklich brauchen.

Auch wenn es Ihnen zunächst schwer fällt – die meisten Menschen gewöhnen sich sehr schnell daran. Es ist normal, wenn Sie beim Wegwerfen gelegentlich Wehmut verspüren. Trennungsschmerz gehört zu Ihrem Leben wie die Freude über neue Dinge. Betrachten Sie die simplify-Wegwerf-Strategie nicht als zwanghafte Regel, sondern als gesunde Lebenseinstellung.

Klein ist schön Konzentrieren Sie sich auf einen winzigen Bereich, den Sie in einer halben Stunde bequem aufräumen können – einen einzigen Ordner, eine Schublade, Ihren Geldbeutel oder eine Handtasche. Wenn Ihnen selbst das zu viel ist, teilen Sie Ihr Ziel noch einmal – ein Fach im Ordner, eine Mulde in der Besteckschublade oder das Kleingeldfach in Ihrem Portemonnaie. Lachen Sie nicht! Ordnung besteht aus winzigen Schritten.

Keine »Ich-bin-ein-Chaot«-Sprüche Selbsturteile in Rekordform (»Ich bin der unordentlichste Mensch der Welt«) sind schädlich, weil

Sie sich damit vor sich und anderen zum Schwächling erklären – oder zumindest zu einem festgefahrenen Menschen, der sich nicht mehr ändern und entwickeln kann. Außerdem stimmen solche Rekorde nie – es gibt immer einen, der noch mehr Tohuwabohu hat als Sie. Fragen Sie einmal »aufgeräumte« Menschen: Die wenigsten waren das von Geburt an!

Wie hoch ist Ihr OQ?

Ermitteln Sie mithilfe dieses kleinen Tests Ihren Ordnungsquotienten. Markieren Sie, welcher der Antworten auf die folgenden Fragen Sie am ehesten zustimmen. Nehmen Sie den Test nicht allzu ernst – er gibt Ihnen lediglich einen Anhaltspunkt, wie ordentlich Sie sind. Aber vielleicht motiviert Sie das Ergebnis, mit dem großen Aufräumen anzufangen.

1. Wie bewahren Sie Ihre Schlüssel auf?
   a) Jeden Tag am selben Platz.
   b) Ich habe kein System, aber ich weiß stets genau, wo sie sind.
   c) Neulich habe ich eine halbe Stunde danach gesucht.

2. Wie bezahlen Sie Rechnungen?
   a) Immer sofort, oft online.

b) Ich warte bis einige zusammenkommen oder bis wieder genügend Geld auf dem Konto ist.

c) Ich bekomme öfter mal eine Mahnung und dann zahle ich.

3. Wie geht es Ihnen, wenn Gäste zu Ihnen kommen möchten?

a) Ich freue mich über Besucher, mein Haus ist ihr Haus.

b) Es gibt ein paar Räume, in die ich lieber keine Besucher hereinlasse.

c) Ich gehe lieber zu anderen, damit niemand mein Chaos hier sieht.

4. Wie halten Sie es mit der Steuererklärung?

a) Im März, spätestens April, ist meine Erklärung fürs Vorjahr beim Finanzamt.

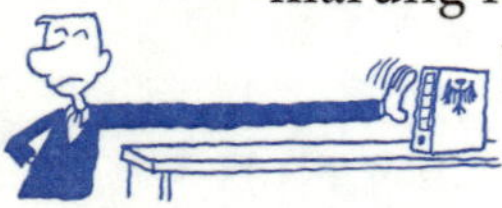

b) Ich lasse meistens bis Jahresende verlängern.

c) Ich bin zwei Jahre hinterher und hatte auch schon mal eine Steuerschätzung.

5. Wann haben Sie nur für sich Zeit?

a) Ich stehe früh auf, um Zeit für etwas zu haben, was mir Spaß macht.

b) Ich breche in der Regel abends irgendwann erschöpft zusammen.

c) Soll das ein Witz sein? Ich werde von meiner Arbeit vollkommen aufgefressen!

6. Wo ist bei Ihnen eine Schere?

a) In meinem Schreibtisch, oberste Schublade.

b) Ich habe mehrere und weiß auch ungefähr, wo eine sein müsste.

c) Zuletzt habe ich sie in der Küche gebraucht, vielleicht ist sie jetzt im Kühlschrank?

7. Wie viele Sachen in Ihrem Kleiderschrank ziehen Sie regelmäßig an?

a) Was ich ein Jahr lang nicht getragen habe, entsorge ich.

b) Da sind eine Menge Sachen drin, die repariert werden müssen, die mir nicht mehr passen und so weiter.

c) Schrank? Benutze ich nicht – meine Sachen liegen immer lose im Schlafzimmer herum.

8. Was machen Sie, wenn Sie einen neuen Dosenöffner kaufen?

a) Der kommt dorthin, wo der alte war, und den alten werfe ich weg.

b) Der liegt erst einmal auf der Küchenplatte, bis ich Zeit habe, einen Platz für ihn zu suchen.

c) Als ich ihn einräumen wollte, habe ich gemerkt, dass ich schon zwei andere hatte.

9. Wie fühlen Sie sich in Ihrer Wohnung?

a) Behütet und gut aufgehoben.

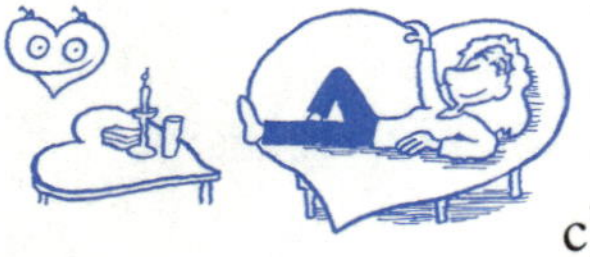

b) Abgespannt – wenn ich nur mal Zeit hätte, alles in Ordnung zu bringen!

c) Wie mitten im Umzug.

Auswertung

Geben Sie sich:

- für jede Antwort a) 2 Punkte,
- für jede Antwort b) 1 Punkt,
- für jede Antwort c) 0 Punkte.

Addieren Sie Ihre Punktzahlen.

- *6 oder weniger Punkte:* Danke für Ihre ehrlichen Antworten. Suchen Sie sich blind irgendeinen Tipp aus diesem Buch und setzen Sie ihn sofort um – es ist gleichgültig, wo Sie anfangen.
- *7 bis 10 Punkte:* Blättern Sie einmal kurz durch das Buch – bei einem Thema wird es bestimmt bei Ihnen »klick« machen. Genau diesen Bereich packen Sie heute noch an.
- *11 bis 15 Punkte:* Sie sind im besten Sinne ein Normalmensch – mit ein paar Schwächen, die Sie gut kennen. Wählen Sie eine davon aus und machen Sie einen Aktionsplan für die nächsten drei Tage.
- *16 und mehr Punkte:* Gratulation! Sie sind ein Naturtalent – oder schon ein sehr aufmerksamer simplify-Leser. Es ist mehr als wahrscheinlich, dass Sie in diesem Büchlein trotzdem etwas für Sie Neues entdecken werden – und es sicher bald umsetzen werden.

Grundregeln der Ordnung

Die folgenden Regeln helfen Ihnen nicht nur, Ihren kompletten Haushalt zu vereinfachen. Wenn Sie einmal angefangen haben, sie umzusetzen, werden Sie sogar eine Menge Spaß daran finden, selbst neue Ideen für ein einfacheres Leben in Ihren vier Wänden zu entwickeln. Wir wünschen Ihnen viel Freude dabei.

Ordnung schaffen

Aufzuräumen ist auch im größten Chaos kein Ding der Unmöglichkeit. Man muss nur erst einmal anfangen. Wenn Sie sich an die simplify-Hinweise halten, werden Sie bald Ihren Haushalt beherrschen und nicht mehr umgekehrt.

1. Ballast abwerfen Das wichtigste Möbelstück ist eine möglichst große Kiste fürs Altpapier, dazu ein großzügig bemessener Abfallkorb und eine gut organisierte Entsorgung. Heben Sie nie etwas auf, nur weil es keine Gelegenheit zum Wegwerfen gibt!

2. Schneller als »nutzlos« abstempeln Behalten Sie keinen Unsinn (beispielsweise Werbegeschenke), wenn Sie keine Verwendung dafür haben. Erlauben Sie dem Krimskrams nicht unkritisch, sich bei Ihnen einzunisten, sondern richten Sie sich innerlich auf und fragen Sie sich: »Ist das Ding so wertvoll, dass ich es brauche und benutze?« Sie werden schnell merken, dass viele vermeintlich nützliche Dinge bei dieser Sekunden-Prüfung automatisch durchfallen. Schöner Nebeneffekt: Sie fühlen sich danach selbst stark und wertvoll, weil Sie sich mit für Sie wertvolleren Dingen umgeben.

3. Meistbenutztes best erreichbar Stellen Sie sich vor Ihre Küchenarbeitsplatte, Ihre Heim-

werker-Ecke oder setzen Sie sich an den Schreibtisch. Breiten Sie die Arme aus. Alles, was Sie ohne Verrenkung erreichen können, ist Ihre 1a-Zone. Hier dürfen nur Utensilien lagern, die Sie *ständig* benötigen; die Mitte Ihrer 1a-Zone muss als Arbeitsfläche für das frei bleiben, was Sie jetzt gerade tun. Die gleiche Regel gilt, wenn Sie vor Ihrem Kleiderschrank oder am Herd stehen. Verbannen Sie alle selten benutzten Ziergegenstände aus der 1a-Zone – die sind dort gut aufgehoben, wo sie gesehen, aber nicht gut erreicht werden können.

4. Zusammen lagern, was zusammengehört

Die Reihenfolge der 3. und 4. Regel ist nicht zufällig, denn die gute Erreichbarkeit der wichtigsten Werkzeuge hat Priorität. Ein Beispiel am Schreibtisch: Angenommen, Sie schreiben am liebsten mit Füller. Dann gehören Ihre beiden Lieblingsfüller in die oberste Schublade des Containers zu Ihrer Rechten (bei Linkshändern zur Linken). Das bedeutet aber keineswegs, dass dort alle Schreibgeräte lagern müssen. Die selten benutzten Filzschreiber und Bleistifte können Sie durchaus in einem weniger zugänglichen Bereich bereithalten.

Gut bewährt haben sich Themengruppen: In der Küche sollten Sie alles zusammen lagern, was Sie zum Zubereiten einer Salatsauce benötigen – selbst, wenn Sie dadurch Salz und Pfeffer aus dem (weiter entfernt liegenden) Gewürzregal ausquartieren müssen.

5. Lesbar und sinnvoll beschriften Beschriften Sie so, dass die Beschriftung auf den ersten Blick lesbar ist. Eine Dose in einem Regal, deren Inhalt nur auf dem Deckel steht, ist sinnlos. Besonders ungünstig sind Behälter mit falscher Aufschrift, wie etwa eine Kaffeedose in der Küche, von der nur Insider wissen, dass sie Kakao enthält.

Formulieren Sie nicht zu amtlich, also statt »Kfz-Unterlagen« lieber »Rund ums Auto«.

Ordnung halten

Sie atmen auf, weil Sie die große Aufräumaktion erfolgreich bewältigt haben. Doch gleichzeitig fürchten Sie, dass dieser befreiende Zustand nicht anhalten wird. Machen Sie sich einige Regeln zu Eigen, und Sie werden merken, dass Ordnung zu bewahren einfacher ist, als Sie denken.

Ertragen Sie leeren Raum Machen Sie nicht den typischen Fehler, nach einer Aufräumaktion freien Platz sofort mit bisher unorganisiertem Krempel zu füllen. Lernen Sie, sich an leeren Zonen zu erfreuen und bei ihrem Anblick erleichtert durchzuatmen.

Der rote Faden Wenn Sie einen Hammer aus dem Werkzeugkasten holen oder wenn Sie eine Schere aus dem Arbeitszimmer ins Wohnzimmer mitnehmen, stellen Sie sich vor, dass der Gegenstand durch einen roten Faden mit seinem ursprünglichen Aufbewahrungsort verbunden bleibt. Nach Gebrauch will er an diesen Ort zurück, magisch durch den roten Faden dorthin zurückgezogen. Tun Sie ihm den Gefallen, und bringen Sie ihn zurück. Sorgen Sie dafür, dass sich möglichst wenige solcher Fäden durch die Wohnung ziehen.

Der Gute-Nacht-Spaziergang Wenn Sie am Abend durch die Räume gehen, um Jalousien herunterzulassen, die Haustür abzuschließen und die Lichter zu löschen, dann bringen Sie möglichst alle Utensilien an ihren Platz zurück, die noch sehnsüchtig an ihrem langen roten Faden hängen. Erzählen Sie anderen Familienmitgliedern davon, damit der kleine allabendliche Aufräumgang zu einer Gewohnheit für alle wird.

Das kleine Waisenhaus Natürlich gibt es immer wieder Gegenstände, die (noch) keinen festen Ort haben. Stellen Sie dafür in jedem Raum einen Korb oder eine Schublade bereit. Kümmern Sie sich etwa einmal im Monat um diese Waisenkinder. Suchen Sie für jedes Ding einen sinnvollen Platz, an dem Sie es in Zukunft wiederfinden. Wenn Sie feststellen, dass Sie dieses Ding nie wieder brauchen werden, werfen Sie es sofort weg. Diese Aktion können Sie auch schnell mal nebenbei machen, ohne die ganze Wohnung nach Krimskrams durchsuchen zu müssen.

Das kaputte Halbjahr Wenn ein kaputter Gegenstand nicht innerhalb eines halben Jahres repariert wurde, ist das ein deutliches Zeichen dafür, dass er nicht besonders vermisst wurde.

Werfen Sie Kaputtes nach sechs Monaten fort. So mancher unreparierte Gegenstand findet auf der Wertstoffsammelstelle noch einen glücklichen Besitzer.

Ersetzen statt ergänzen Für jede Sache, die Sie neu bekommen, muss eine alte gehen. Wenn Sie einen neuen Kochtopf, eine neue Hose oder ein paar neue Schuhe kaufen, werfen Sie das älteste/schlechteste Stück dafür weg. Denken Sie schon beim Einkaufen an den Gegenstand, der gehen muss, wenn Sie das Teil kaufen. Vielleicht stellen Sie dabei fest, dass Sie das neue Ding gar nicht brauchen?

Werden Sie »oberflächenbewusst« Horizontale Flächen, also alle Arten von Regalen, Tischen und Fensterbrettern, ziehen Überflüssiges magisch an. Vereinfachen Sie Ihr Leben

durch weniger horizontale Ablageflächen. Typische Fälle für überflüssige Ansammlungen von Krimskrams: Der *Couchtisch* ist eine sinnvolle Ablage während der Tee- oder Kaffeestunde. Halten Sie ihn dafür frei. Er ist auch für Blumen und Kerzen geeignet (oder auch für Ihre Füße), aber nicht für TV-Zeitschriften und die berüchtigten Coffee-table-Bücher zum Eindruckschinden. Der *Esstisch:* Nichts ist nervender, als wenn er vor jedem Essen mühsam freigeräumt werden muss. Erziehen Sie sich (und Ihre Kinder) dazu, den Esstisch als »heiße Zone« zu betrachten. Er ist ausnahmslos fürs Essen reserviert – und eventuell abends für Spiele. Auch *Stühle* und *Hocker* wirken (besonders im Schlafzimmer) magnetisch auf benutzte Kleidungsstücke, Taschen oder schnell hin- und hergeräumten Krimskrams. Wenn Sie gerade dort etwas ablegen wollen, erinnern Sie sich: »Nein, hier nicht!«

Halten Sie den Fußboden frei Die größte horizontale Fläche ist der Fußboden. Krempel, der dort herumliegt, signalisiert Chaos. Sie werden staunen, wie ordentlich ein Zimmer allein dadurch wirkt, dass der Boden vollständig freigeräumt ist. Volle Regale, Schränke oder Wände wirken längst nicht so schlimm.

Lassen Sie sich von der Kultur der Shaker inspirieren: Diese strenge amerikanische Religionsgemeinschaft aus dem 19. Jahrhundert verbannte prinzipiell alles an die Wand. Besen, Kleider, sogar Stühle hingen an einer Leiste mit Haken, die in allen Zimmern an den Wänden herumlief. Verstauen Sie so chronisch herumliegende Sachen. Wenn Sie den Anblick nicht mögen, suchen Sie sich eine etwas versteckte Stelle (nicht einsehbare Raumecken).

Haben Sie Ihre simplify-Traumecke schon eingerichtet? Experimentieren Sie weiter. Probieren Sie in mindestens einem Raum Ihrer Wohnung, ob Sie sich auch ohne die vielen Sachen wohlfühlen.

Ein sparsam, aber schön eingerichtetes Zimmer hat auf Sie möglicherweise eine besonders beruhigende Wirkung. Wenn Sie am Ergebnis Gefallen gefunden haben, können Sie nun Ihre ganze Wohnung Zimmer für Zimmer in Angriff nehmen. Die simplify-Grundidee dabei lautet: Ihre Wohnung oder Ihr Haus ist ein dreidimensionales Abbild Ihres Lebens. Innenwelt und Außenwelt entsprechen sich. Betrachten Sie Ihre Wohnung, und entdecken Sie die Verbindung zwischen sich und Ihren Wohnräumen.

Flur: Ihr Verhältnis zu anderen Menschen

Versuchen Sie einmal Folgendes: Ziehen Sie die Jacke von jemand anderem an, verlassen Sie Ihre Wohnung, und betreten Sie sie wieder, als wären Sie ein Fremder. Welcher Anblick bietet sich Ihnen beim Öffnen der Wohnungstür? Verstellte Wege, ein unleserliches Namensschild, Altpapierstapel, eine überfüllte Garderobe, Schuhe, Handschuhe, Schals

und Mützen? So wie sich Ihre Wohnung beim Eintreten fremden Menschen präsentiert, so wollen auch Sie selbst auf andere wirken. Halten Sie den Eingangsbereich frei und gestalten Sie ihn einladend. Schon bald werden Sie neue Freunde gewinnen und auch sich selbst beim Betreten Ihrer Wohnung freuen – eine gute Voraussetzung, um offener und gastfreundlicher zu werden.

Türen sind Symbol für Ihre Offenheit Alle Türen sollten sich weit öffnen lassen – vor allem die Eingangstür. Bringen Sie ein gut lesbares, gepflegtes und freundliches Namensschild an Ihrem Eingang an. Reparieren Sie kaputte Klinken und ölen Sie klemmende oder quietschende Scharniere und Schlösser. Hängen Sie nichts über Türklinken, und benutzen Sie Haken an Türen nur, wenn das den Öffnungsradius nicht einschränkt. Stellen Sie Schränke oder Regale niemals so, dass sich die Zimmertür nur noch teilweise öffnen lässt.

Der Anti-Hektik-Tisch Stellen Sie sich vor, Sie verschlafen. Wie lange dauert es, bis Sie in der Hektik alles beisammen haben und endlich losfahren können (Sie finden den Autoschlüssel nicht, Ihr Kind sucht sein Hausaufgabenheft, wo ist die Einkaufsliste)? Solche Tagesbeginne können Sie sich ersparen, indem Sie einen kleinen Tisch neben dem Eingang platzieren. Dort legen Sie am Vorabend alles ab, was jedes Familienmitglied am nächsten Morgen braucht – inklusive Handtasche mit Lippenstift und Post für den Briefkasten.

Verhindern Sie aber auf jeden Fall, dass der Tisch sich zum Permanent-Lager für Dinge entwickelt, die nicht bald mitgenommen werden müssen. Deshalb sollte er eine möglichst kleine Oberfläche haben. Ideal ist ein Tisch mit Schublade, in der Sie je nach Jahreszeit ihre aktuellen Schals, Handschuhe und Sonnenbrille deponieren können.

Ausreichend Regenschirme Es regnet, Sie wollen aus dem Haus, Ihr Regenschirm ist aber – für alle Fälle – im Auto. Ärgerlich. Halten Sie einen immer mit mehreren Schirmen gefüllten Ständer bereit.

Hängen Sie einen Spiegel neben Ihre Haustür So können Sie kurz vor dem Verlassen Ihrer Wohnung noch einmal schnell Ihr Aussehen kontrollieren, ohne ins Schlafzimmer oder einen anderen Raum zurückkehren zu müssen.

Stoppen Sie die Papierflut Wenn der Inhalt des Briefkastens in Ihre Wohnung schwappt, seien Sie geizig! Nur das, was wirklich wichtig ist, darf bei Ihnen bleiben. Alles andere wandert direkt ins Altpapier. Lernen Sie von den Profis: Stellen Sie an einer zentralen Stelle der Wohnung für jedes Familienmitglied ein Fach auf, in das jeder seine Post gelegt bekommt. Dort gibt es auch einen Platz für Zeitschriften und Texte, die von allen gelesen werden.

Die Treppe: Ihre Entfaltungsmöglichkeiten

Häufchen, die auf den Treppenabsätzen lagern, kennen Sie sicher. Man legt dort Dinge ab, die bei der nächsten Gelegenheit in ein anderes Stockwerk mitkommen sollen. Solche Häufchen können zu einer Keimzelle für Unordnung werden. Treppen verkommen dann nach und nach zu einer großen Ablagefläche. Ähnlich wie beim zugestellten Fußboden versperren Sie sich unbewusst neue Möglichkeiten. Die heimliche Botschaft lautet: Der »Weg nach oben« ist versperrt.

Vereinbaren Sie mit allen Familienmitgliedern: Wer nach oben oder unten geht, und die Hände frei hat, muss mitnehmen, was auf den Stufen steht! Bewährt hat sich ein »Kellerkorb«: Nutzen Sie einen großen Korb mit

Henkel, in den alles hineinkommt, was mit hinauf- oder hinuntergenommen werden soll: leere Flaschen, Wertstoffmüll, Wäsche, Werkzeug. Wer das nächste Mal in den Keller geht, nimmt den vollen Korb mit, leert ihn und trägt die Dinge, die er aus dem Keller holt, bequem im Korb nach oben.

Küche: Ihr Bauch

In keinem Raum einer Wohnung ist der »Umsatz« von Gegenständen so hoch wie hier: Teller, Tassen, Gläser und Besteck werden mehrmals täglich herausgenommen, benutzt, gesäubert und einsortiert.

Der Raum, in dem Sie Ihr Essen zubereiten, ist besonders mit Bauch und Darm verbunden. Unbenutztes Geschirr und Lebensmittel mit längst verstrichenem Haltbarkeitsdatum wirken belastend. Nach einer Totalentrümpelung der Küchenregale können Sie sich buchstäblich leichter fühlen.

Vereinfachen Sie Ihren Kühlschrank

Das Zentrum eines Haushalts ist die Küche und der Mittelpunkt jeder Küche ist der Kühlschrank. Deshalb ist hier der ideale Startpunkt für einen stressfreien, geordneten und vor allem auch gesunden Haushalt.

Die folgende Aktion dauert weniger als 60 Minuten, sie wird Ihr gutes Gefühl von Sauberkeit und Gesundheit aber enorm steigern.

1. Raus! Wie bei jeder Art von Aufräumen führt auch beim Kühlschrank kein Weg am simplify-Grundgesetz vorbei: Gerät ausschalten und komplett ausräumen, ohne Ausnahmen.

2. Sauber! Die Plastikschalen in den Türen herausnehmen, mit heißem Wasser und Spülmittel im Spülbecken auswaschen. Ebenso alle Zwischenböden aus Gitter und Glas. Reinigen Sie mit einem heißen feuchten Lappen das Innere des Gehäuses, besonders die innere Hinterwand. Hier rinnt Kondenswasser herunter, wird

in einer Rinne am unteren Rand aufgefangen und läuft durch ein Loch zum Verdunster hinaus. Dieses Loch ist häufig verstopft. Säubern Sie es mit einem Draht oder einem schmalen Reinigungsbürste für Flaschen. Wenn alles trocken ist, räumen Sie den Kühlschrank wieder ein, schalten ihn an und schließen die Tür.

3. Weg! Viele Menschen haben eine anerzogene Blockade, Essen wegzuwerfen – und heben verdorbene Lebensmittel zu lange im Kühlschrank auf. Das ist gefährlich, denn Keime und Pilzsporen stecken andere Nahrungsmittel schnell an. Werfen Sie deshalb gnadenlos alles fort, was verdorben ist, was ein überschrittenes Verfallsdatum hat, was nicht identifizierbar ist und was keiner in der Familie jemals essen wird. Alles, was mit Schimmel in Berührung gekommen ist, gleich gründlich mit heißem Wasser und Reinigungsmittel säubern. Danach Hände waschen!

4. Sortieren! Entwerfen Sie ein Ordnungsschema, auf welcher Ebene was stehen soll. Zum Beispiel alles fürs Frühstück im obersten Fach, darunter Reste und Fertiggerichte, Gemüse in den dafür vorgesehenen Schubladen, Flaschen im Türfach. Nutzen Sie die vorgesehenen Behälter für Butter und Eier. Selbst wenn Ihr Schema nicht immer durchzuhalten

ist (das Fach ist für den Topf mit Essensrest zu klein) – besser als das totale Chaos ist es allemal.

5. Zu! Wichtiger Grundsatz: Was im Kühlschrank aufgehoben wird, muss verschlossen sein, in Behältern mit gut schließendem Deckel oder eingewickelt in Frischhaltefolie. Sonst verbreiten sich Düfte und Keime, und Ihr Kühlschrank wird eine Brutstätte für Lebensmittelinfektionen. Wenn Sie Essensreste aufheben, sollten diese spätestens am nächsten Tag aufgebraucht werden. Ist das voraussichtlich nicht möglich, ist es besser, sie gleich zu entsorgen.

Übrigens: Eines der besten Mittel gegen Gerüche ist Natron, das Sie in jedem Drogeriemarkt bekommen. Eine kleine Schale im Kühlschrank (oder Schuhschrank oder überall, wo es mieft) wirkt Wunder für mehrere Monate.

6. Außen! Wenn Sie Ihren Kühlschrank als magnetische Pinnwand benutzen (wie in Amerika üblich): Nehmen Sie alle Zettel ab, putzen Sie die Außenseite (Klebereste mit Reinigungsbenzin entfernen), werfen Sie Unnötiges

weg und pinnen Sie nur das hin, was aktuell und wichtig ist. Das simplify-Geheimnis lautet: Innen und außen hängen immer zusammen. Wenn Ihr Kühlschrank außen ordentlich ist, fällt es leichter, ihn auch innen sauber zu halten.

Apropos Pinnwand Pinnwände sind eine tolle Erfindung – ob am Arbeitsplatz oder in der Küche. Leider birgt dieses praktische Organisationsmittel auch erhebliche Nachteile. Damit Sie sich nicht verzetteln, hier die wichtigsten Hinweise, wofür eine Pinnwand taugt und wofür nicht.

- *Tabus für die Pinnwand:* Termine aller Art (Arztbesuche, Massagen, zu bezahlende Rechnungen, Elternsprechtag, Verabredungen, Erinnerungen, Rückruf-Versprechen) gehören ausnahmslos in Ihren Terminkalender oder die Wiedervorlage. Visitenkarten und Adressen fristen meist ein ewiges Dasein an der Pinnwand.

- *Pinnwand mit Sinn:* Nützlich ist die Pinnwand für Informationen, die von Ihnen und anderen Personen gelegentlich oder auch häufig nachgesehen werden und die man sich nicht merken kann. Zum Beispiel: Fahrpläne (wenn die zu viel Platz wegnehmen, sind sie auch an der Innenseite der Kleiderschranktür gut aufgehoben), Stundenpläne, die Telefonnummern der wichtigsten Ärzte, die Speisekarte vom Pizzaservice, die Öffnungszeiten vom Wertstoffhof und Müllabfuhr-Termine.
- *Extra-simplify für Ihre Pinnwand:* Haben Sie alle Öffnungszeiten von Geschäften, Ärzten oder der Stadtverwaltung im Kopf? Garantiert nicht. Wann hat der Blumenladen am Sonntag

auf? Wann können Sie Ihre Kleider aus der Reinigung holen? Wann verkauft der Bäcker am Sonntag frische Brötchen? Diese zeitraubenden Überlegungen, vergebliche Wege, Anrufe und Rückfragen aus Ihrer Familie können Sie sich ein für alle Mal ersparen. Nutzen Sie das Albert-Einstein-Prinzip für sich: »Warum soll ich mir etwas merken, das ich jederzeit nachsehen kann?« Legen Sie ein Notizblatt »Öffnungszeiten« an, das Sie an Ihre Pinnwand heften. Sammeln Sie darauf nach und nach die Öffnungszeiten (und Telefonnummern) der von Ihnen und Ihrer Familie häufig aufgesuchten Geschäfte und Institutionen.

Einfache Kücheneinrichtung

Nachdem Sie den Kühlschrank, das Herz Ihres Haushalts, schon gehörig entwirrt haben, können Sie sich der ganzen Küche widmen. Sie finden hier ein Fülle von Tipps, die allesamt simplify-erprobt sind. Wenn Sie wegen Ihrer räumlichen Gegebenheiten nicht alles umsetzen können, passen Sie die Vorschläge Ihren eigenen Bedürfnissen an.

Das magische Dreieck Spüle, Kühlschrank und Herd bilden das »Arbeitsdreieck« in der Küche. Zwischen diesen drei Punkten sollten keine Hindernisse stehen.

Die Premium-Zone In den Hängeschrank über der Spülmaschine gehört Ihr am häufigsten genutztes Geschirr. Falls Sie hier Glasschränke haben und darin Großmutters Feiertagsservice ausstellen wollen – vergessen Sie es. Richtig aufgehoben sind dort Tassen, kleine und große Teller, Becher, Müsli-Schalen und andere täglich benutzte Sachen.

Die Arbeitsplatte Wie ihr Name schon sagt, ist sie dazu gedacht, um daran zu arbeiten – nicht, um dort Gegenstände »dauerzuparken«. Hängen Sie mit Klebe- oder Schraubhaken möglichst viel an die Wand: Spülbürste (über die Spüle), Topflappen (neben den Herd). Alles, was Sie nicht ständig brauchen, hat dort nichts zu suchen. Ihre Kaffeemaschine, ein Toaster und eventuell ein großes Schneidebrett dürfen bleiben. Auch die Mikrowelle steht meist nur ungenutzt auf dem wertvollsten Platz. Wenn möglich, stellen Sie sie in die Nähe des Kühlschranks (nicht des Herds) oder auf einen Küchenwagen, den Sie nach Bedarf

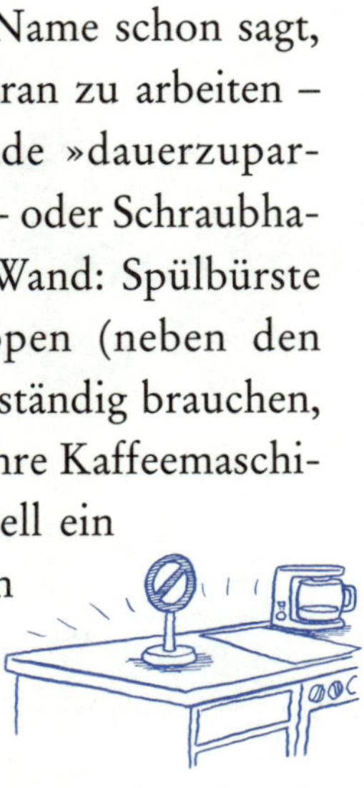

hin- und herrollen können. Solche Wagen haben meist genau die passende Größe für eine Mikrowelle und bieten auch sonst wertvollen Stauraum.

Gewürze Wenn Sie regelmäßig eine halbe Ewigkeit vor Ihrem Gewürzregal verbringen, bis Sie die passende Zutat gefunden haben, ist das Prinzip von Supermärkten die Lösung: Gewürze alphabetisch sortieren.

Auf den Schränken Auf den Oberschränken in der Küche oder auf dem Kühlschrank sammelt sich schnell alles Mögliche. Platzieren Sie dort eine schöne Grünpflanze, etwas anderes zur Dekoration oder erklären Sie sie zur »heißen Zone«, um Ablagerungen vorzubeugen.

Platzsparer Wenn Sie eine kleine Küche haben, nutzen Sie alle Tricks: Tassenhaken an der Unterseite eines Zwischenbodens im Schrank; Drahtkörbe für Obst und Gemüse aufgehängt an der Unterseite von Hängeschränken; häufig benutzte Kaffeebecher auf ein schmales Regal unter einem Oberschrank; Siebe und vieles andere, was sich aufhängen lässt, an Haken auf der Innenseite von Schranktüren. Vereinfachen heißt fast niemals, mehr Lagerfläche zu schaffen (das führt nur zu noch mehr Krimskrams), sondern den vorhandenen Stauraum geschickter zu nutzen.

Gefäße, Geräte und Geschirr Entfernen Sie aus Ihrer Küche alles, was Sie ein Jahr lang nicht benutzt haben: überfällige Nahrungsmittel, Tassen ohne Untertassen und Kannen ohne Deckel (und umgekehrt). Porzellankannen sind im Zeitalter der Thermoskanne überholt. Küchengeräte wie Waffeleisen oder Raclettegrill, die nur alle zwei Monate oder noch seltener benutzt werden, wandern in Keller oder Abstellkammer. Genauso das Festtagsgeschirr oder zusammengewürfelte Gläser, die Sie nur bei besonderen Anlässen benötigen.

Töpfe und Pfannen Ein Kochtopf je Größe, in der Nähe des Herdes aufbewahrt, reicht meist vollkommen für den alltäglichen Bedarf. Töpfe nehmen enorm viel Platz weg. Wenn Sie mehrere Töpfe und Pfannen besitzen, sortieren sie einige aus oder lagern die übrigen an einem weiter entfernten Ort. Überlegen Sie auch, ob Sie Töpfe und Pfannen wirklich – wie üblich – unter der Arbeitsfläche unterbringen. Bei Rückenproblemen ist ein Aufbewahrungsort in Augenhöhe wesentlich angenehmer.

Backutensilien Teigrollen, Plätzchenformen, Backgewürze oder Kuchenplatten brauchen Sie im Vergleich zu Kochutensilien eher selten. Blockieren Sie damit nicht die besten Plätze in den Schränken, sondern lagern Sie die »Backabteilung« aus.

Die Plastik-Lawine Tiefkühlboxen, Tupperdosen und andere Schüsselchen haben die Tendenz, sich über die Jahre zu vermehren. Sortieren Sie vergilbte, angerissene und unbenutzte aus. Faustregel: Sie benötigen nur halb so viele, wie Sie bisher gehortet haben.

Themen-Boxen Einige aussortierte Plastikbehälter können neue Zwecke erfüllen: Fassen

Sie Dinge zu sinnvollen Gruppen in den Behältern zusammen. Wurst, Käse und Gurken fürs Abendessen in den Kühlschrank. Backpulver, Vanillezucker, Soßenpulver in einer Box im Essensregal. Honig, Marmelade, Nutella fürs Frühstück in ein Körbchen. Ebenso ein Kästchen für Teebeutel und Tees, dazu sortieren Sie auch den Kandiszucker. Unter der Spüle eine offene Box mit Putzmitteln und eine mit Blumendünger.

Schrankordnung Innerhalb der Hängeschränke gilt: Oft Gebrauchtes gehört nach unten, der Rest in die oberen Etagen. Im Unterschrank neben der Spülmaschine befinden sich Reinigungstabs beziehungsweise Reinigungspulver, Klarspüler und Spülmaschinen-Salz.

Der Farb-Glas-Trick Halten Sie verschiedenfarbige Trinkgläser für den Alltag bereit, für jedes Familienmitglied eine Farbe. Dann kann jeder tagsüber sein Glas mehrmals benutzen, anstatt jedes Mal ein frisches zu nehmen.

Unsere Was-kochen-wir-Liste Jeden Tag die gleiche Frage: »Was kochen wir?« Im Durchschnitt hat eine vierköpfige Familie einen Kern von 20 bis 30 Gerichten. Berufen Sie eine Familienkonferenz ein und stellen Sie die Lieblingsgerichte zusammen. Diese entstandene Liste hängen Sie an die Innenseite einer Schranktür. So verschwenden Sie nie mehr Zeit damit, in losen Rezept-Sammlungen oder Kochbüchern nach Rezepten zu suchen und bekommen auch sofort eine Anregung, wenn Sie auf die Liste schauen.

Zeitfresser Einkaufen

Einkaufen kann unheimlich viel Zeit verbrauchen, wenn Sie unnötig hin- und herlaufen. Schlimmstenfalls vergessen Sie etwas und müssen noch einmal losfahren. Obendrein kaufen Sie Dinge, die Sie gar nicht brauchen und verschwenden dadurch Geld. Mit unseren simplify-Einkaufsregeln erledigen Sie Ihre unentbehrlichen Besorgungen in der halben Zeit.

Suchen Sie sich einen Stammsupermarkt

Schon nach kurzer Zeit wissen Sie, wo in diesem Geschäft welche Artikel stehen. Wenn Sie schon ein Stammgeschäft haben, versuchen Sie einmal, sich an die Platzierung der Waren zu erinnern. Wenn Sie es nicht genau wissen, prägen Sie sich bei Ihren nächsten Einkäufen den Aufbau des Ladens bewusst ein.

Neben dem Zeitsparen können Sie sich noch weitere Vorteile verschaffen, wenn Sie aktiv werden und das Personal kennen lernen. Fragen Sie mindestens eine Stammkassiererin (keine Aushilfskraft) nach ihrem Namen (wenn sie kein Schild trägt), und merken Sie sich den. Verraten Sie auch Ihren eigenen Namen und sagen Sie ihr, dass Sie gern hier einkaufen. Wenn Sie einmal eine Reklamation haben oder einen Sonderwunsch, wird man Ihnen dann unkompliziert und gerne helfen.

Fragen Sie auch nach den Zeiten, an denen im Laden am wenigsten los ist, und kaufen Sie möglichst zu diesen Zeiten ein.

Schreiben Sie eine gut strukturierte Einkaufsliste Auf der Abbildung sehen Sie ein Beispiel für den schematischen Aufbau eines Super-

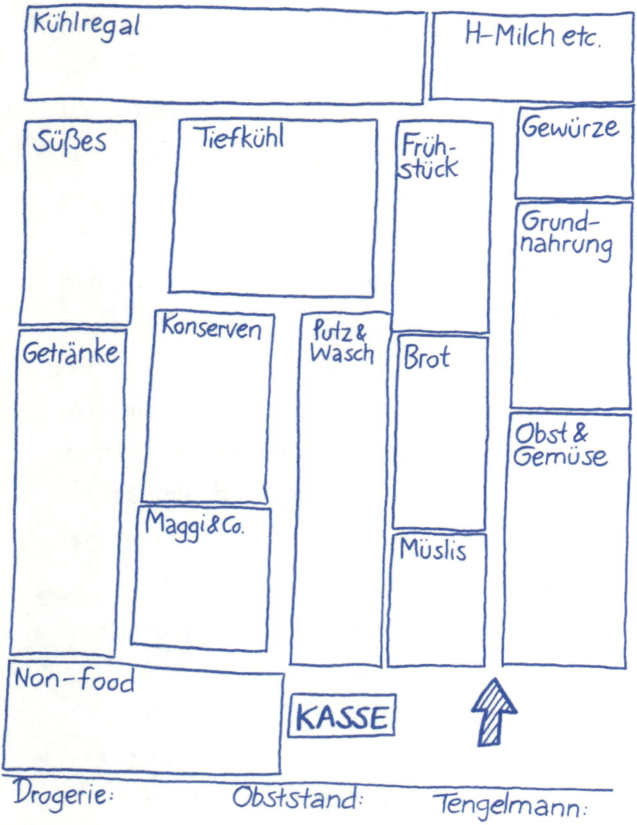

markts. Unten ist Raum für Einkäufe in anderen Läden. Fertigen Sie sich so ein Schema für Ihren Stammladen an, fotokopieren Sie es, und benutzen Sie nur noch dieses Blatt als Einkaufsliste. Wählen Sie einen guten Aufbewahrungsort für diese Liste, legen Sie einen Stift daneben, und notieren Sie dort alles, was Ihnen im Laufe des Tages einfällt. Auch die anderen Familienmitglieder können hier (an der richtigen Stelle!) ihre Wünsche eintragen.

Kaufen Sie nicht jeden Tag ein Viel Zeit können Sie sparen, wenn Sie nicht täglich einkaufen gehen. Haushaltsexperten empfehlen nur einen Großeinkauf pro Woche, dazu ein oder zwei kleine Einkäufe für Frischwaren. Wer ausreichend Lagerplatz hat, kann auch ab und zu einen Großvorratseinkauf in einem Megamarkt machen. Aber Vorsicht: Vergleichen Sie die Preise kritisch gegenüber normalen Discountern. In Märkten der Metro-Klasse kann angesichts der gigantischen Auswahl eine spezielle Art von Kaufrausch ausbrechen. Außerdem sind in Riesenmärkten die Such- und Wartezeiten an der Kasse erheblich, dazu kommt noch der längere Anfahrtsweg.

Engagieren Sie einen Fahrer Das mag auf den ersten Blick versnobt erscheinen. Rechnen Sie aber mit spitzem Stift nach, wie viel wertvolle Zeit Sie gewinnen könnten, wenn Ihnen jemand die Einkäufe abnähme. Dazu die vielen anderen Besorgungen: Bücher von und zur Bibliothek, Briefe und Pakete zur Post, Wäsche zur Reinigung bringen und so weiter.

Wenn Sie selbst einkaufen, machen Sie möglicherweise wenig Stopps, um Zeit zu sparen, und kaufen auch einmal in einem teuren, näher liegenden Laden ein. Einen bezahlten Fahrer können Sie zu mehreren Läden und zu weiter entfernten Großmärkten schicken.

Da viele junge Leute gern Auto fahren, finden Sie durch einen Aushang im örtlichen Supermarkt schnell jemanden. Reden Sie auch mit den Eltern des/der jungen Fahrer/in, bevor Sie zusagen. Aus Versicherungsgründen ist es am besten, wenn Ihr Fahrer sein eigenes Auto mitbringt. Bieten Sie ihm etwa 15 bis 20 Euro oder einen Festpreis für alle Einkäufe. Alternative: Sie sprechen mit einem Profi (im Branchenbuch unter »Kurierdienste« zu finden).

So rechnen Sie aus, ob sich ein Fahrer lohnt: Führen Sie 14 Tage lang Buch über alle Besorgungsfahrten, notieren Sie für jede Fahrt deren

Dauer und schreiben Sie vor jede Fahrt, die ein anderer für Sie erledigen könnte, ein dickes JA. Nun zählen Sie die Dauer aller JA-Fahrten zusammen. Sind es mehr als sechs Stunden pro Woche, und macht Ihnen Einkaufen keine Freude, dann lohnt sich in der Regel der Aufwand, einen Fahrer zu engagieren.

Jeden Morgen frische Brötchen Wenn Sie Ihre Zeitung liefern lassen, warum nicht auch die Brötchen dazu? Fragen Sie herum, ob es für Ihr Wohngebiet einen Frühstücksservice gibt (oder suchen Sie im Branchenbuch unter »Frühstücksservice«). Wegen frischer Croissants oder Brötchen brauchen sie morgens nicht hungrig zum Bäcker zu laufen.

Schlafzimmer: Ihre Intimität

Normalerweise ist der Schlafraum einer Wohnung für Gäste tabu. Deshalb wird er häufig als Abstellzimmer für alles missbraucht, was anderswo stört.

Dabei sollten Sie im Schlafzimmer richtig abschalten können – und das nicht erst, wenn das Licht aus ist und Sie das Chaos nicht mehr sehen. Gerade in dem Raum, in dem Sie die Nacht verbringen, benötigen Sie Harmonie und Ordnung. In einem geordneten Schlafzimmer wird Ihr Schlaf tiefer und häufig auch Ihr Liebesleben intensiver.

Störer eliminieren Verbannen Sie klassische Quellen negativer Emotionen aus Ihrem Schlafzimmer: schmutzige Wäsche, Kisten mit alten Sachen und kaputte Gegenstände. Stellen Sie genügend Aufbewahrungsmöbel zur Verfügung: Eine Kommode oder ein Hängebord mit Schubladen ist besser als ein offenes Regal, das zu unruhig wirkt. Entrümpeln Sie die verführerischen Ablageflächen oben auf den Schränken. Lassen Sie Ihr Schlafzimmer nicht zum Abstellraum verkommen! Grundregel: Alles, was bei Ihnen ein Störgefühl auslöst, muss raus – alles, was Sie erfreut, darf bleiben.

Was darf unters Bett? Die chinesische Philosophie Feng-Shui behauptet, dass Gegenstände unter dem Bett Ihren Schlaf stören. Gestattet sind dort höchstens Bettdecken in einem geschlossenen Bettkasten. Falls bei Ihnen der Raum so knapp ist, dass Sie die Fläche unter Ihrer Matratze unbedingt nutzen müssen, verwenden Sie dafür am besten flache Rollcontainer (gibt es im Kaufhaus). Lagern Sie unterm Bett vorzugsweise Textilien und Dinge aus Holz, vermeiden Sie Gegenstände aus Metall und jede Art von elektrischen Geräten (auch ausgeschaltete).

Arbeiten im Schlafzimmer Halten Sie geschäftliche Papiere aus Ihrem Schlafzimmer fern. Irgendwo muss Ihr Privatleben ja einmal beginnen! Das Schlafzimmer ist kein gut geeigneter Ort, um dort ein Heimbüro einzurichten. Wenn es gar nicht anders geht, dann organisieren dieses Büro so, dass Sie es optisch vom Bett abtrennen können – mit einem Paravent oder durch einen sekretärartigen Schreibtisch, den Sie abends zuklappen können.

Immer frische Federn Wenn die wärmere Jahreszeit beginnt und Sie Ihre Federbetten gegen leichtere Decken austauschen, legen Sie die Federbetten gar nicht erst aus der Hand, sondern bringen Sie sie ins Auto. Am besten packen Sie Ihre Kopfkissen mit dazu. Bringen Sie alles zu einer Bettfedernreinigung und lassen Sie bei Bedarf zusätzliche Federn einfüllen. Gönnen Sie alten Federbetten einen neuen Bezug. Geizen Sie nicht beim Thema Schlafen. Im Herbst werden Sie begeistert sein, wie

herrlich es sich unter frisch aufbereiteten Daunen schläft!

Futon oder Matratze? Seit etwa 20 Jahren werden in Europa verstärkt japanische Matratzen angeboten: die Futons. Falls Sie damit liebäugeln, sollten Sie Ihre Schlafgewohnheiten erkunden. Wenn Sie (wie die Mehrheit der Japaner) auf dem Rücken schlafen, kann der verhältnismäßig harte Strohfuton eine sinnvolle Alternative zur herkömmlichen Matratze sein. Schlafen Sie dagegen (wie die Mehrheit der Europäer) auf der Seite, brauchen Sie eine Abstützung der Wirbelsäule, die nur ein Bett mit Matratze und Lattenrost bietet. Auch ein Wasserbett kann eine sehr rückenschonende Alternative sein.

Gutes Licht Sorgen Sie im Schlafzimmer für ausreichendes Deckenlicht – besonders, wenn Sie sich dort an- und ausziehen. Sie ersparen sich damit das Hin- und Herlaufen zwischen Kleiderschrank und Nachttischlampe, wenn Sie sehen wollen, ob Sie nun ein schwarzes oder dunkelblaues Kleidungsstück aus dem Schrank geholt haben.

Schlafen Sie kühl, dunkel und still Verbannen Sie alles aus Ihrem Schlafraum, was erholsamen Schlaf verhindert. Trockene Heizungsluft, zu viel Sonneneinstrahlung und Geräuschquellen machen nicht nur das Einschlafen schwer, sondern auch erholsames Durchschlafen. Also kein Telefon (am besten auch kein Fernsehgerät oder Radio), möglichst keine Heizung anstellen und gute Verdunkelung an den Fenstern.

Kleiderschrank: Ihr Körper

70 Prozent aller Kleidungsstücke in einem durchschnittlichen Schrank werden nicht mehr benutzt. Die engen Jeans warten, bis wir wieder so schlank sind wie vor sieben Jahren, und das teure gelbe Sakko hofft, dass solch eine irre Farbe eines Tages doch wieder in Mode kommt. Das Hauptproblem: Jedes unbenutzte Stück blickt Sie vorwurfsvoll an, und macht Ihnen unterschwellig ein schlechtes Gewissen. Schluss damit! Den Kleiderschrank auszumisten und nur noch angeneh-

me Stücke zu besitzen, befreit dagegen seelisch und körperlich.

Machen Sie den Tür-Test Beobachten Sie sich beim Öffnen eines (jeden) Schranks: Wenn Sie sich über den Inhalt freuen, ist alles in Ordnung. Überkommt Sie ein unlustiges oder deprimierendes Gefühl, dann analysieren Sie genau, von welchem Gegenstand dieses Gefühl herrührt – und beseitigen Sie die Quelle Ihrer Unlust möglichst sofort. Oft ist es nur ein einziger unangenehmer Stapel, der stört. Ein paar kratzige lange Unterhosen, die Sie tagtäglich anstarren. Oder ein Fach mit Krimskrams, das Sie schon seit Jahren aussortieren wollten. Jetzt ist der Moment zum Handeln gekommen!

Das beste Viertel Alle Sachen, die Sie in den letzten acht Wochen oft getragen haben, hängen Sie ganz links auf die Stange, alle häufig getragenen Pullover, T-Shirts und Ähnliches kommen in ein spezielles Fach. Dazu die Kleidungsstücke, die nicht der aktuellen Jahreszeit entsprechen, von denen Sie aber sagen können: Das würde ich sofort anziehen, wenn es draußen entsprechend warm oder kalt wäre. Die so

ausgewählten Stücke sind Ihre Lieblingssachen. Sie machen selten mehr als ein Viertel Ihrer Gesamtgarderobe aus.

Die Platzverschwender Alle Sachen, die Sie länger als ein Jahr nicht angezogen haben, werden Sie mit einer Wahrscheinlichkeit von 98 Prozent auch künftig nicht anziehen. Diesem ungeliebten Anteil Ihrer Garderobe stellen Sie zu viel Platz zur Verfügung. Mustern Sie also aus! Selbst wenn ein Stück einmal teuer war oder das Geschenk eines lieben Men-

schen – es hat seine Schuldigkeit getan und darf gehen (Container für Kleiderspenden, Secondhand-Laden, verschenken oder Mülltonne).

Der Neubeginn Studieren Sie Ihre Lieblingssachen aus dem »besten Viertel« genau. Was macht sie so tragbar für Sie? Ist es der Schnitt, die Größe, die Farbe oder das Material? Daraus ergeben sich Ihre Kriterien für Ihr persönliches simplify-Programm, nach dem Sie Ihre neue Garderobe systematisch aufbauen können. Verzichten Sie dabei auf extravagante Einzelstücke, an denen man sich bald müde sieht. Legen Sie sich unifarbene Kombinationen zu, die Sie bei möglichst vielen verschiedenen Anlässen tragen können. Investieren Sie in Ihre tägliche Kleidung und nicht in selten getragene Festtagskleider. Die simplify-Grundgarderobe ist klassisch und nicht auf eine Saison zugeschnitten. Bei den Accessoires dagegen (Krawatten, Tücher, Schmuck) können Sie mit dem aktuellen Trend gehen und Akzente setzen.

Die magische Neun Zur simplify-Garderobe gehört auch, dass Sie nicht zu viel auf einmal tragen. Die »magische-Neun-Regel« professioneller Modeberater sagt, dass stilsichere Leute nie mehr als neun verschiedene Dinge sichtbar am Körper tragen. Das sind

Ihre Kleidungsstücke und dann nur ein, höchstens zwei auffallende Accessoires. Also die Ohrringe und das Seidentuch. Oder die Sonnenbrille und die Armbanduhr. Einfachheit war hier schon immer Prinzip – weniger ist mehr. Das gilt auch für Herren: Wer neben Armbanduhr und Ring noch Armkettchen, Siegelring, Krawattennadel und Ohrring trägt, ist eindeutig »overstyled«.

Generalüberholung Wenn Sie nicht wissen, wo Sie anfangen sollen und Sie Ihren Schrank rigoros entrümpeln wollen, gehen Sie es auch rigoros an:

1. Räumen Sie den Schrank komplett leer.
2. Probieren Sie *jedes einzelne* Kleidungsstück an.
3. Schauen Sie in den Spiegel und seien Sie ehrlich: Fühlen Sie sich darin wohl? Passt es?

Gibt es andere Teile, die farblich und stilistisch dazu passen? Haben Sie es in den letzten zwölf Monaten getragen? Sobald Sie eine dieser Fragen mit Nein beantworten, sortieren Sie das Stück aus.

4. Was zwar passt, aber ein bisschen kaputt oder abgewetzt ist, kommt auf den Stapel »Arbeitsklamotten« (zum Anstreichen oder Heimwerken). Lassen Sie den Stapel nicht zu groß werden! Je zwei Arbeitshosen, -hemden und -pullis reichen völlig.
5. Was aussortiert ist, müssen Sie nicht sofort wegwerfen. Packen Sie es in eine große Kiste und stellen Sie diese in den Keller oder auf den Dachboden. Wenn Sie feststellen, dass Sie kein Stück aus der Kiste vermisst haben, geben Sie das Ganze nach einem Jahr in die Kleidersammlung.
6. Beim Einräumen und Ordnen achten Sie auf die oben genannten Prinzipien »das beste Viertel« und »Platzverschwender«. Wie Sie Ihren Kleiderschrank optimal gestalten, lesen Sie gleich im nächsten Kapitel.

Spezialgebiet Schuhe Verfahren Sie ebenso mit Ihren Schuhen: Probieren Sie unbedingt alle an! Was drückt, fliegt raus. Vielleicht haben Sie besonders schicke Modelle, die Sie zu besonderen Anlässen anziehen, auch wenn sie nicht gerade bequem sind. Fragen Sie sich dann ehrlich: Wann gab es das letzte Mal einen solchen Anlass? Wann wird es realistischerweise wieder einen geben? Vereinbaren Sie (mit Ihrem Partner) dann fest einen Termin, an dem Sie die guten Stücke wieder anziehen. Wenn das nicht klappt, geben Sie die Schuhe weg – sonst sind sie nur ein belastendes Symbol für nicht gelebte Möglichkeiten.

Der ideale Schrank

Morgendliches Kramen nach den Socken, Wühlen in Pullistapeln, Fahnden nach passender Unterwäsche – ein denkbar schlechter Start in den Tag. Investieren Sie ein Wochenende und etwas Geld, und gönnen Sie sich ein System, das Sie Tag für Tag erfreuen wird.

Schluss mit finster Wenn Ihr Kleiderschrank innen dunkel furniert ist, können Sie sein Innenleben aufhellen: mit pastellfarbenem Acryllack streichen oder mit einer freundlichen Tapete auskleiden.

Die optimale Lichtquelle sind Halogenstrahler, die von etwa 15 Zentimeter vor der Schrankvorderkante ins Innere leuchten. Minimallösung: Platzieren Sie eine Stehlampe so, dass sie Ihnen beim Suchen Licht spendet. Wenn Sie am Schrank Licht haben, können Sie sich auch im Spiegel besser sehen. Im Baumarkt gibt es günstige Kopf-bis-Fuß-hohe Spiegel, die Sie (mit speziellem Spiegelklebeband) auf der Innenseite einer Schranktür befestigen können – und zwar an der, die zuerst aufgeht. Sehr praktisch!

Schluss mit miefig Belegen Sie die Regalbretter mit duftendem Schrankpapier aus dem Kaufhaus. Auch Duftsäckchen und Duftsteine heben beim Öffnen des Schranks Ihre Laune. Die preiswerteste Lösung aus Omas Trickkiste: Lagern Sie Ihre ausgepackte Seife zwischen den Wäschestücken. Gegen Kleidermotten helfen Zedernholzscheiben, die mittlerweile in jeder Drogerie erhältlich sind.

Schuhe im Kleiderschrank sind ein Nasenproblem. Alltagstreter sollten Sie deshalb unbedingt in einem separaten Schuhschrank auf-

bewahren. In den Kleiderschrank gehören höchstens seltener genutzte Abendschuhe. Ein Tipp gegen Schuhduft: Kleine Baumwollsäckchen (billige Socken tun es auch) mit Katzenstreu füllen, mit Gummiband zubinden und in die Schuhe stecken. Nach Gebrauch in den Mülleimer leeren, waschen und neu füllen.

Schluss mit durcheinander Mit einem einfachen Einstellschrank mit Schubladen (gibt es im Baumarkt) bringen Sie Ordnung in alte Schränke mit zu großen Fächern. Unterteilen Sie große Schubladen mit Einsätzen. Sehr praktisch sind schachbrettartige Unterteilungen: in jedes Abteil eine Strumpfhose oder ein paar Socken, und das lästige Strumpfproblem ist gelöst!

Nutzen Sie alle Flächen: Die Türinnenseite ist ein prima Platz für Gürtel und Krawatten. Meist ist zwischen Tür und Fachböden so viel Raum, dass Sie innen an der Tür auch einen Morgenmantel aufhängen können oder ein anderes Kleidungsstück, das Sie immer wieder und schnell brauchen. Deswegen ist die einfachste Türenart, die konventionelle Drehtür, eigentlich praktischer als teure Gleit- oder Schiebetüren.

Schluss mit umständlich Im Möbelprospekt sieht man oft zusammengefaltete Hemden in den Schränken. Das ist nur für Vielreisende gut, die schnell packen müssen. Besser: Hemden und Blusen gleich nach dem Bügeln auf einen Bügel hängen, auf dem sie dann in den Schrank kommen. Rüsten Sie Ihren Schrank deshalb großzügig mit Stangen aus. Nutzen Sie Bügel mit Hängetaschen, zum Beispiel für Accessoires oder welche für Schuhe.

Hosenbügel gibt es in vielen Varianten. Am praktischsten und schnellsten: Jeans auf ein Drittel falten und in Fächer legen. Lange Hosen mit Bügelfalten auf Klemmbügeln in voller Länge auf die Stange hängen, dann kann der Gürtel drinbleiben. *simplify-Tipp:* Schaffen Sie sich für jede Hose einen eigenen Gürtel an.

Leisten Sie sich einen Satz neuer Bügel. Drahtbügel aus der Wäscherei und wacklige Exemplare aus alten Zeiten sind nicht nur unpraktisch, sie drücken auch die Stimmung. Neue vermitteln für wenig Geld das wunderbare Gefühl: Jetzt beginnt etwas Neues!

Schluss mit überflüssig Leisten Sie sich schöne große Kleiderschachteln, die Sie in die höheren, schwerer erreichbaren Regionen Ihres Schranks stellen (oder notfalls oben drauf). Räumen Sie Ihren Schrank zweimal im Jahr um: In die Schachteln kommen im Sommer die dicken Pullis, im Winter die leichten Sommerfähnchen und alles andere, was Sie erst wieder in einigen Monaten brauchen werden.

Schluss mit überfüllt Nichts drückt so sehr auf Ihre Stimmung wie ein überfüllter Schrank – da macht weder das Einräumen frischer Wäsche noch das Heraussuchen neuer Sachen Spaß. Beachten Sie die Dreiviertel-Regel aus der Büroorganisation: So wie ein Aktenordner bei 75 Prozent Befüllung schon als voll gilt, sollte auch auf der Kleider-

stange, in einer Schublade oder in einem Regalfach immer ein viertel »Luft« bleiben.

Einfachere Wäsche

Waschen, Bügeln und Wäschefalten gehören zu den Tätigkeiten im Haushalt, die besonders stupide sind. Mit folgenden Tipps können Sie eine Menge Zeit an Waschmaschine, Bügelbrett und Kleiderschrank sparen – und sie anderswo sinnvoller verbringen.

Weniger Bücken Das Bücken vor Waschmaschine und Trockner belastet den Rücken. Stellen Sie diese Geräte deshalb nicht auf den Boden, sondern erhöht auf einen stabilen Unterbau aus Massivholz in ungefähr 60 Zentimeter Höhe. Darin können Sie auch Waschmittel und Wäschekörbe unterbringen. Das Be- und Entladen wird dadurch viel bequemer.

Eine Ladung Klamotten In einer Durchschnittsfamilie kommt eine ganze Menge Wäsche zusammen. Wenn Sie nur ein paar Tage den Dingen ihren Lauf lassen, wachsen die Berge bis zur Decke. Machen Sie eine Waschmaschinenladung aber zur ganz normalen Tätigkeit eines jeden Tages, ufert das Wäschethema niemals zu einem Problem aus.

Mehr als insgesamt 15 Minuten dürfte es nicht dauern, die schmutzigen Klamotten in die Maschine zu füllen, sie später in den Trockner zu tun oder auf die Leine zu hängen und sie anschließend zusammenzulegen.

Das Abliefern der schmutzigen Wäsche bei der Waschmaschine und das Abholen der sauberen von dort delegieren Sie an die einzelnen Familienmitglieder.

Die ideale Wäscheleine Sehr praktisch in der Waschküche: Installieren Sie ist eine Feder-Duschstange, an der sich Bügel mit nassen Sachen aufhängen lassen, da sie sich nicht durchbiegt wie eine herkömmliche Leine. Oder spannen Sie eine Kette (aus dem Baumarkt) von Wandhaken zu Wandhaken und hängen Sie die Bügel durch die einzelnen Kettenglieder.

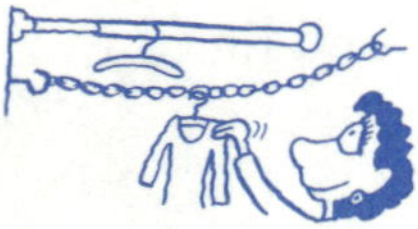

Vermeiden Sie Knitterstapel Lassen Sie Wäsche nicht unnötig in der Waschmaschine oder im Trockner liegen. Nehmen Sie sie heraus, sobald die Geräte mit ihrer Arbeit fertig sind – stellen Sie sich notfalls einen Wecker.

Nutzen Sie die Schwerkraft Schleudern Sie Hemden und Blusen am besten gar nicht oder nur ganz kurz. So nass wie möglich aufhängen, die oberen drei Knöpfe schließen und grobe Falten mit der Hand glatt streichen. Viele Hemden brauchen Sie dann gar nicht mehr oder nur kurz zu bügeln. Hängen Sie Hosen nass an den Beinen auf, also mit dem Bund nach unten. Das Gewicht der Hose hilft, sie glatt zu ziehen – was weniger oder gar keine Bügelei bedeutet.

Machen Sie den Bügelfrei-Test Bügeln Sie neue Oberbekleidung nach dem ersten Waschen grundsätzlich nicht. Beobachten Sie beim ersten Anziehen zu Hause, ob Falten nicht von allein verschwinden (gleichgültig, ob die Sachen im Etikett als »bügelfrei« bezeichnet werden oder nicht). Werden Baumwollfasern ständig plattgebügelt, verlieren sie ihre natürliche Dehnungskraft und werden dann für den Rest ihres Lebens vom »heißen Eisen« abhängig.

Geizen Sie mit dem Bügeleisen Vieles brauchen Sie überhaupt nicht zu bügeln: Handtücher, Bett- und Unterwäsche sowie die meisten T-Shirts (wenn sie den Bügelfrei-Test bestanden haben). Nach dem Trocknen kräftig ausschütteln und sofort zusammenlegen. Das erspart Ihnen und der Umwelt auch noch Weichspüler. Die meisten Knitterstellen verschwinden im Wäscheschrank oder beim ersten Gebrauch.

Rollen statt falten Sie können Textilien wesentlich platzsparender unterbringen, wenn Sie sie zusammenrollen – ein alter Bundeswehrtrick. Besonders geeignet dafür sind Handtücher, Bettwäsche und T-Shirts. Durch die Spannung der Rolle bilden sich keine Falten und Sie können die Stücke leicht aus dem Schrank holen, ohne andere mit herauszuziehen. Das funktioniert auch besonders gut, wenn Sie für eine kurze Reise eine kleine Tasche packen. Klappen Sie bei Shirts die Ärmel ein, dann von unten nach oben aufrollen.

Die hohe Schule des Pulli-Trocknens Ist ein gewaschener Pullover nach dem Auswringen noch feucht und schwer, sollten Sie ihn nicht auf einem Bügel, sondern flach auf einem ausgebreiteten Handtuch trocknen. Wenn er nicht mehr so schwer ist, können Sie ihn auf einen breiten Bügel hängen, dann geht das Trocknen schneller.

Bei empfindlichen Pullis hilft ein Trick gegen vom Bügel ausgebeulte Schultern: Ziehen Sie die Beine einer engen Strumpfhose durch die Ärmel und den Bund durch die Halsöffnung des Pullovers. Befestigen Sie das Ganze mit Wäscheklammern an den Füßen und dem Bund an der Wäscheleine zum Trocknen.

Der Doppel-Kniff Hängen Sie Anoraks und andere schwere, nasse Wäschestücke zum Trocknen auf zwei Bügel statt nur auf einen. Schieben Sie die Bügel dabei möglichst weit

auseinander, damit in das Kleidungsstück Luft von unten hineinströmen kann.

Gegen verfärbte Wäsche Wenn weiße Hemden rosa oder blassblau geworden sind, weil etwas Buntes in die Weißwäsche geraten ist, hilft ein altes Hausmittel: Weichen Sie die verfärbte Wäsche so lange in Milch ein, bis die Milch sauer geworden ist. Milchsäure ist einer der wirksamsten Entfärber. Danach die Wäsche noch einmal normal in der Maschine waschen.

Die verschwundene Socke Das kennt jeder: Waschmaschinen fressen Socken. Häufig treten sie dann nur noch einzeln oder in falschen Verpaarungen auf. Dieses Phänomen können Sie mehrfach bekämpfen.

1. Kaufen Sie grundsätzlich nur noch eine Sorte Strümpfe in einer Farbe (denkbar wären auch zwei Farben, etwa Schwarz und Blau). Dann können Sie sich das Sortieren ganz sparen. Manche Hersteller stricken inzwischen auch die Größenangabe ein, das ver-

einfacht den Umgang für die ganze Familie.

2. Verwenden Sie spezielle waschmaschinen- und trocknerfeste Klammern, mit denen sich Socken vor dem Waschen zu festen Paaren zusammenfassen lassen. Solche Klammern gibt es im Kaufhaus.
3. Wenn Sie doch mal eine Socke nicht wiederfinden (meist beim Wäscheaufhängen), geben Sie ihr eine zweite Chance. Lassen sie das zurückgebliebene Gegenstück so lange auf der Wäscheleine hängen, bis Sie das nächste Mal Socken aufhängen. Oft finden sich die Paare dann wieder.

Strümpfe organisieren Besser organisieren können Sie Socken, Strümpfe und Strumpfhosen mit einem praktischen Instrument: Kaufen Sie im Kaufhaus Kleiderbügelüberwürfe mit durchsichtigen Taschen (ursprünglich für Schuhe gedacht). Jedes Familienmitglied bekommt mindestens zwei davon. Je einer kommt in den Raum, in dem Sie die Wäsche machen. Ordnen Sie die getrockneten Socken in die ent-

sprechende Tasche. Kunstvolles Zusammenlegen ist überflüssig, weil in jede Tasche nur ein Paar hineinkommt.

Altkleiderkiste So wie Sie im Arbeitszimmer eine Altpapierkiste haben, sollten Sie im Schlafzimmer (oder noch besser am Bügelplatz) eine Altkleiderkiste haben. Beschränken Sie das Aussortieren von kaputten, zu kleinen oder unmodern gewordenen Textilien nicht auf besondere Entrümpelungsaktionen, sondern machen Sie das zu einer permanenten Gewohnheit. Wenn Sie sofort wissen, wohin mit den Sachen, ist das kein Problem mehr.

Badezimmer: Ihre innere Mitte

Dort, wo Sie sich um Ihren Körper kümmern, sollten Sie zentriert und ungestört sein, damit Sie morgens reibungslos in den Tag starten können.

Wohlfühlen Verstauen Sie Fläschchen, Tuben und andere typische Badezimmerutensilien möglichst hinter Türen. Gestalten Sie den freien Raum mit Gegenständen, die Sie mögen: Ein Radio mit Ihrem Lieblingssender, ein Blumenstrauß oder auf der Heizung vorgewärmte Handtücher. Die schnellste und preiswerteste Badrenovierung sind neue Handtücher in einer schönen Farbe.

Keine Bibliothek Zeitschriften und Bücher nehmen im Bad wertvollen Platz weg, den Sie für nützliche Gegenstände brauchen oder am besten ganz frei lassen. Ärzte raten im Übrigen davon ab, den Aufenthalt auf dem Toilettensitz unnötig zu verlängern (soll die Entstehung von Hämorrhoiden fördern). Wenn Sie im Bad unbedingt lesen müssen, dann nehmen Sie Ihre Lektüre mit hinein, aber anschließend wieder mit hinaus.

Ritual-Körbchen Organisieren Sie Ihre verschiedenen Körperpflege-Rituale in separaten Körbchen oder Mini-Containern: je einen Behälter für Maniküre (Nagelschere, Nagellack, Lackentferner, Feile), Haare färben, Rasieren, Schminken (hier auch die Tagespflege) und so weiter. Damit Sie täglich benötigte Gegenstände in Reichweite, aber nicht permanent im Weg stehen haben, eignen sich auch Hängetaschen für Schuhe mit durchsichtigen Fächern. Befestigen Sie diese an der Wand oder der Innenseite Ihrer Badezimmer-Tür. Sie sparen so wertvollen Platz in Ihren Schränken.

Medizin raus! Hitze und Feuchtigkeit des Badezimmers lässt Medizin schnell verderben. Lagern Sie deshalb Ihre Hausapotheke nicht im Badezimmer, sondern an einem trockenen, kühlen und dunklen Ort – ein Körbchen oder extra Medizin-Schränkchen zum Beispiel im Schlafzimmer oder im Flur – möglichst nicht in Reichweite von Kindern.

Viele Menschen heben Medikamente auf, weil sie vielleicht einmal für ein anderes Familienmitglied nützlich sein könnten. Tun Sie das nicht. Mittel, die der Arzt einer Person extra verschrieben hat, können für andere gefährlich sein – ebenso Medikamente, deren Haltbarkeitsdatum überschritten ist. Entsorgen Sie solche Präparate – bis auf eventuell eine kleine Grundausstattung (Hustensaft, Halslutschtabletten, Nasenspray und Ähnliches).

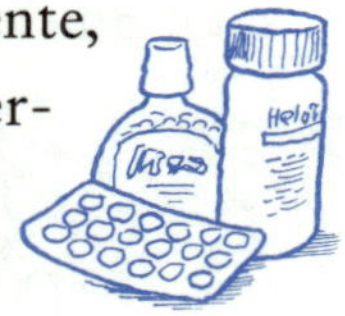

Gegen den Badezimmer-Stau Wenn Sie die Möglichkeit haben, lagern Sie Handtücher, Fön, Lockenwickler und dergleichen in einem Schrank außerhalb des Badeszimmers. So kommt jeder an alles ran, auch wenn das Bad mal besetzt ist. Vereinbaren Sie feste Zeiten, wer wann das Badezimmer benutzt. Überlegen Sie, welche Teile der Morgentoilette in die Schlafzimmer verlagert werden können. Das sind zum Beispiel Elektrorasur, Fönen und Make-up. Sie brauchen nur entsprechend mehr Spiegel und einen zweiten Haarfön. Besonders, wenn Sie Töchter im Teeny-Alter haben, ist ein ausgelagerter Schminkplatz mit guter Beleuchtung Gold wert und erleichtert allen Beteiligten das Leben enorm!

Zeitansage Stellen Sie eine Uhr ins Badezimmer, am besten eine weitere auf den Frühstückstisch oder mehrere Uhren so, dass jeder ohne Verrenkung darauf schauen kann. Eine Uhr im Blickfeld treibt nicht zur Eile an, sondern lässt einen die verbleibende Zeit genießen – vorausgesetzt, es ist genug Zeit dafür.

Duschkopf verkalkt? Die schönste Dusche ist kein Vergnügen, wenn das Wasser nach allen Seiten aus dem Duschkopf spritzt oder nur zur Hälfte durchkommt. Wenn es Ihnen zu lästig ist, den Duschkopf über Nacht einzulegen, dann hängen Sie ihn in eine mit Essig gefüllte kleine Plastiktüte, die Sie gut mit Kle-

beband befestigen. Am nächsten Morgen sollten Sie allerdings noch einmal mit Reiniger den Duschkopf sauberbürsten.

Sauberes Bad in vier Minuten Kaum jemand putzt gern Dusche und Toilette – weil so lange gewartet wird, bis der Dreck wirklich unangenehm wird. Schaffen Sie die große Badezimmerreinigung ganz ab. Machen Sie stattdessen die tägliche vier Minuten-Schnelltour: nach dem Duschen Fliesen und Glastür mit Reiniger einsprühen (das zumindest alle paar Tage) und mit einem Fenster-Abzieher trocknen. Nach jeder Toilettenbenutzung schnell mit der Bürste durchputzen, ab und zu WC-Reiniger über Nacht einwirken lassen. Das Waschbecken und die Toilettenoberfläche können Sie abends mit einem benutzten Handtuch oder Waschlappen abwischen und trockenreiben – alter Trick der Hotelprofis.

Wohnzimmer: Ihr Herz

Ihr Selbstbild wird maßgeblich vom Zustand Ihres Hauptwohnraums beeinflusst – ob Sie wollen oder nicht. Ein steril aufgeräumtes Wohnzimmer ist dabei ebenso schädlich wie ein chaotisches oder verschmutztes. Außerdem stellt das Wohnzimmer Ihre ganze Familie dar und deren gemeinsame Gewohnheiten.

Ein Zentrum Ihr Wohnraum braucht eine »Mitte«, etwa einen attraktiven (Couch-) Tisch, um den man sich gern versammelt. Vermeiden Sie, dass der Fernseher zum Zentrum des Zimmers wird. Schieben Sie ihn zur Seite oder verstecken Sie ihn hinter einem Paravent. Mit Pflanzen und dekorativen Gegenständen können Sie dafür sorgen, dass die Aufmerksamkeit der Bewohner im Raum bleibt. Angenehmes, nicht blendendes Licht und bequeme

Sitze helfen, dass alle gerne in diesem Zimmer sind.

Ungeschlagen als Versammlungspunkt ist seit Urzeiten das Feuer. Wenn Sie keinen Kamin oder Kaminofen haben, stellen Sie Kerzen auf – auch diese Flammen üben eine tief in uns verankerte Faszination aus.

Richten Sie im Wohnzimmer auch für sich selbst einen Platz ein, an dem Sie gern allein sitzen. Ein Platz, an dem Sie mit sich und Ihrer Behausung zufrieden sind.

Haben Sie zu viele Möbel? Ausreichend bequeme Sitzmöglichkeiten sind angenehm, wenn die ganze Familie sich darauf ausstrecken kann, zum Lesen, Fernsehen oder Musik hören. Wenn Sie aber mehr Möbelstücke im Wohnzimmer haben, als Sie für Ihre Familie brauchen, erzeugen Sie unnötigen Putz-Wucher. Im Laufe eines Jahres erzeugt ein durchschnittlicher Fünf-Personen Haushalt rund 20 Kilogramm Staub, den irgendjemand beseitigen muss. Je weniger überflüssige Staubfänger, desto weniger Arbeit.

Mehr Platz an den Wänden Hängen Sie Ihre Wände nicht mit Bildern, Postern und Plaketten zu. Volle Wände lassen den Raum klein und krempelig wirken. Zwei Bilder pro Wand reichen völlig – es sei denn, Sie haben zum Beispiel einen langen Flur, der als Galerie geeignet ist. Mischen Sie außerdem nicht zu viele verschiedene Formate und Größen. Wenige ausgesuchte Blickfänger verleihen Ihrem Wohnraum Ruhe und Ausstrahlung.

Staubfänger Hi-Fi-Ecke Stapeln Sie Musik-CDs, Video-Aufnahmen oder DVDs nicht rund um Videorekorder, DVD-Player oder Stereoanlage. Stellen Sie sie hochkant in ein Regal, am besten sortiert nach Themen. Wahrscheinlich haben Sie – wenn überhaupt – nur wenige Filme, die Sie oft anschauen. Lagern Sie deshalb alle übrigen weiter weg in einem verschlossenen Schrank. Sie haben dadurch in Ihrer Wohnumgebung erheblich weniger zu entstauben und zu sortieren.

Essecken-Logistik Wenn Sie ein täglich benutztes Esszimmer oder einen Essplatz weiter entfernt von der Küche haben, stellen Sie in die Nähe des Esstischs einen Schrank mit den wichtigsten Utensilien: Besteck, Ess-Sets, Salz- und Pfeffer-Streuer, Kerzen und eventuell auch eine Grundausrüstung an Gläsern und Geschirr. Diese brauchen Sie dann nicht jedes Mal aus der Küche dorthin zu tragen.

Erbstücke und Eltern Die populärste Methode, sich nicht mit unnützen Dingen befassen zu müssen: das Wegwerfen den Nachkommen überlassen. Die Erben stellen dann meistens fest, dass 95 Prozent der einst geliebten, wertvollen Dinge nicht einmal mehr jemand geschenkt haben möchte.

- *Wenn Sie selbst Eltern sind:* Gehen Sie durch die Wohnung und sammeln Sie alles, was Sie für jemanden aufbewahren. Dann geben oder schicken Sie diese Dinge der betreffenden Person – aber fragen Sie, ob die sie überhaupt haben will. »Geben mit warmen Händen« ist eine der lohnendsten Arten, sich von Ballast zu befreien.

- *Wenn Sie noch Eltern haben:* Gibt es ein Möbelstück Ihrer Eltern, das Sie gerne erben möchten? Fragen Sie danach und übernehmen Sie es jetzt schon, wenn Ihre Eltern es nicht mehr brauchen. Sie zeigen damit Interesse und Wertschätzung. Ihre Eltern werden sich darüber freuen, dass ihr Besitz nicht irgendwann lieblos entsorgt wird oder keine Beachtung findet. Wenn Ihnen jemand allerdings etwas aufschwatzen möchte, das Ihnen nicht gefällt, sagen Sie (jetzt schon) deutlich NEIN.

Zu viel Papier

Fotos, Zeitungen, Bücher und Ähnliches blockieren typischerweise Schränke und Schubladen, stapeln sich oder wandern von einer Ecke in die andere. Lassen Sie sich von diesen »Papieren« nicht die Luft abschnüren, sondern weisen Sie ihnen bewusst den Weg. Zum Beispiel Gebrauchsanweisungen: Sammeln Sie sie für alle Geräte zentral an einer Stelle, die für alle Familienmitglieder leicht zugänglich ist. Eine Schublade in Küche, Flur oder Wohnzimmer eignet sich besonders. Wenn Sie Geräte haben, bei denen Sie immer wieder in die Anleitung sehen müssen, sollten Sie die Gebrauchsanweisung direkt beim Gerät deponieren (beispielsweise unter dem Faxgerät).

Fotos – zu welchem Zweck? Fotos einkleben wird oft jahrelang aufgeschoben – aus Furcht, unwiederbringliche Erinnerungen zu zerstören oder durcheinander zu bringen. Sie haben zwei Möglichkeiten, mit dem Thema »Fotos« umzugehen. Fragen Sie sich: Was will ich mit den Fotos?

- Sich selbst eine Freude machen und ab und zu ein paar Bilder ansehen? Dann können Sie sich das Einkleben auch ganz sparen. Es ist viel lustiger, wenn Sie zusammensitzen und in eine Kiste mit bunt gemischten Fotos hineingreifen und spontan Erinnerungen austauschen, als schwere Alben hin- und herzureichen. Auf diese Weise kommen wunderbar die alten Geschichten zur Sprache, weil jeder zum Erzählen angeregt wird:

»Ach, das ist Tante Sophie ..., mit ihrem Terrier Theo, der immer so wild gekläfft hat, ... da waren wir ...«. Wenn Sie daran

Spaß haben, stellen Sie eine schöne Foto-Kiste in die Nähe Ihres »Wohnzimmerzentrums« (unter den Couch-Tisch, in den Schrank beim Esstisch) und holen Sie sie regelmäßig hervor, wenn Sie mit Familie oder Freunden zusammensitzen.

- Sie wollen Vermächtnisse der Vergangenheit so aufbereiten, dass künftige Generationen sich dafür interessieren und etwas erfahren? Dann hilft nur eins: Ran! Bringen Sie alle Fotos in eine halbwegs chronologische Reihenfolge. Gehen Sie alle Bilder durch und entscheiden sie möglichst schnell, welche Sie noch einmal wiedersehen wollen. Wählen Sie aus mehreren Aufnahmen von einem Ereignis nur die beste aus. Wenn Sie Kinder haben, machen Sie für jedes Kind einen Stapel. Aber Achtung: Seien

Sie sparsam. Ein Foto von einer Geburtstagsfeier reicht. Je kompakter die Sammlung ist, desto größer die Chance, dass sie von Ihren

Kindern aufgehoben und in Ehren gehalten wird. Kleben Sie nun die Bilder ein. Schreiben Sie sofort unter jedes Foto, wer oder was dort zu sehen ist.

Das ideale Album Verwenden Sie ein normales Album – keines mit Klebefolie, denn spätestens nach 20 Jahren altert der Kleber und die Bilder lösen sich. Kleben Sie die Bilder fest ein, am besten mit doppelseitigen Klebestreifen (gibt es im Fotogeschäft). Fotoecken und dergleichen verführen nur dazu, Bilder herauszunehmen und nie wieder zurückzustecken.

Wenn Sie Ordner statt Alben verwenden, können Sie später noch Seiten einfügen oder aus einem Familienordner mehrere Ordner für jedes Kind machen. Nehmen Sie stabilen Karton und verwenden Sie Vier-Loch-Mechanik. Seiten mit Zwei-Loch-Heftung beginnen sich nämlich nach einigen Jahren nach unten zu biegen.

Noch besser und praktikabler als das perfekte Album sind schöne Boxen, in denen die Fotos lose hinter-

einander stehen, aber durchnummeriert aufgehoben werden (gibt's im Fotofachgeschäft).

Fotos aussortieren Auf jeden Fall wegwerfen sollten Sie »künstlerische« Fotos von Sonnenuntergängen, Blumen und Sehenswürdigkeiten auf Reisen, und Bilder, die Sie unnötig traurig machen. Wenn bestimme Fotos Ihr Herz immer schwer werden lassen und Ihre Gedanken negativ beeinflussen – quälen Sie sich nicht.

Außerdem: Bilder mit unbekanntem Inhalt. Beherbergen Sie keine Personen, an denen womöglich noch spätere Generationen herumrätseln. Werfen Sie aussortierte Fotos wirklich weg! Einzige Ausnahme: Sie bilden einen Stapel mit Fotos, die Sie an andere weitergeben möchten. Tun Sie das aber nur, wenn Sie ganz sicher sind, dass die Beschenkten sich freuen.

Negative und Dias

Wann haben Sie zuletzt von einem Negativ Abzüge machen lassen? Wenn das mehr als ein Jahr her ist, seien Sie radikal: Werfen Sie alle

Negative weg. Im Notfall lassen sich vom Papierbild passable Duplikate anfertigen.

Auch Dias sind in der Handhabung sehr unpraktisch und werden heutzutage kaum noch angeschaut. Wenn Sie daran hängen, lassen Sie die Dias vom Foto-Service einscannen, heben Sie die Bilder auf CD-ROM auf und werfen Sie die Originaldias mutig weg.

Digitale Bilder Speichern Sie digitalisierte Bilder auf CD-ROM oder Festplatte, und lassen Sie erst dann einen Abzug erstellen, wenn Sie wirklich einen brauchen. Professionelle Bilder auf Fotopapier (von Ihrem Fotoladen oder von Internet-Anbietern) sind billiger und halten länger als Ausdrucke auf dem eigenen Drucker.

Zeitungsstapel in den Griff bekommen Zeitungen und Zeitschriften wegzuwerfen, ist besonders schwer – sie haben Geld gekostet und könnten wertvolle Informationen enthalten. Gerade Ausgaben der vergangenen Tage werden manchmal noch benötigt, um etwas nachzulesen. Statistisch gesehen betrifft das aber fast nur die Zeitungen der letzten sieben Tage.

Wird der Zeitungsstapel höher, als Sie in einem Monat lesen könnten, ist er nur noch eine seelische Bürde. Rechnen Sie mit: Eine ein Zentimeter dicke Zeitung/Zeitschrift komplett durchzulesen, dauert etwa vier Stunden. Zum Lesen eines 50 Zentimeter hohen Stapels mit bedrucktem Papier benötigen Sie zwischen einer Woche und einem Monat! Gehen Sie also alle Schriftstücke durch, heben Sie die drei interessantesten auf und entsorgen Sie den Rest. Wenn Sie etwas Interessantes wirklich aufheben möchten, schneiden Sie es aus, und werfen Sie die Zeitung wirklich (!) weg.

Das Kurzzeit-Zeitungs-Archiv Besorgen Sie sich einen viereckigen Korb (oder eine Klappbox mit Griffen), die groß genug ist, dass die Zeitungen flach hineinpassen. Legen Sie gelesene Ausgaben halbwegs ordentlich zusammengefaltet hinein. Eine bestimmte Ausgabe finden Sie schnell, weil sie ja in der zeitlichen Abfolge übereinander liegen. Beim späteren Entsorgen heben Sie die sieben obersten Zeitungen

auf und nehmen die Box mit den restlichen alten Zeitungen zum Altpapiercontainer mit.

Bücher richtig sortieren Die perfekte Ordnung in der Bücherwelt gibt es nicht, auch wenn Sie Ihre Bücher schon nach einem System sortiert haben. Es wird immer einzelne Titel geben, die in keine Kategorie passen. Wenn Sie die am meisten benutzten 30 Prozent Ihrer Bücher schnell wiederfinden können, funktioniert Ihre Bibliothek bestens.

Schaffen Sie Sachkategorien (Kochen, Ratgeber, Liebesromane, Krimis, Kinderbücher, Lexika). Wird ein Abteil zu voll, sortieren Sie eine Gruppe von Büchern unter einem eigenen Oberbegriff aus. Bei schwierig einzusortierenden Titeln erfinden Sie ruhig ungewöhnliche Oberbegriffe und fragen Sie sich: Wo würde ich dieses Buch am ehesten suchen?

Verzichten Sie bei großen Büchermengen darauf, all Ihre Bücher alphabetisch nach Autoren oder anderen speziellen Kriterien zu ordnen. Schon ein falsch zurückgestelltes Buch zerstört dieses Prinzip – und Sie finden im Zweifelsfall gar nichts wieder. Ordnen Sie jeder Kategorie höchstens ein Regalbrett von bis zu einem Meter zu. Innerhalb dieser Strecke finden Sie sich auch in unsortierten Titeln zurecht.

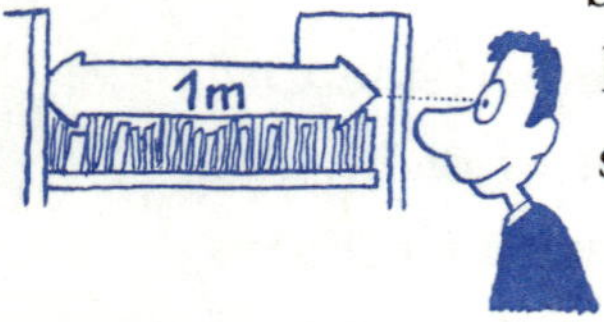

Heben Sie gut erhaltene Exemplare unter der Kategorie »Geschenke« auf. Gerade bei spontanen Einladungen von Freunden haben Sie so schnell ein Präsent zur Hand – sofern die Bücher frei von Notizen oder Widmungen sind.

Bücher sinnvoll entsorgen Darf man Bücher wegwerfen? Sehen Sie es sachlich: Der Inhalt der meisten Bücher veraltet schnell. Es ist kein Verbrechen ein ausgedientes Buch zu entsorgen. Jedes Buch hinterlässt ja einen mehr oder weniger bleibenden Eindruck in Ihrem Gehirn und das zählt. Am besten lassen sich alte Schmöker entsorgen, indem Sie sie anderen zugänglich machen. Verschenken Sie Bücher an Freunde, gehen Sie auf einen Bücher-Flohmarkt in Ihrer Nähe oder geben Sie sie an eine öffentliche Einrichtung. So manche Justiz-

vollzugsanstalt nimmt gerne Büchergeschenke an. Über den Online-Buchhändler amazon.de können Sie alte Bücher zum Verkauf anbieten. Auch eine Verschenkkiste eignet sich zum »Freilassen« von Lesestoff. Stellen Sie vor Ihrem Büro oder im Mietshaus vor Ihrer Wohnungstür eine Kiste mit Büchern »zum Mitnehmen« auf. Oder innerhalb Ihrer Wohnung, nahe dem Ausgang, damit Gäste sich etwas aussuchen können.

Ein Staubfänger weniger Schieben Sie die Bücher im Regal ganz weit nach vorn, so dass die Buchrücken mit dem Regalbrett abschließen. Dann entsteht kein Rand, auf dem sich Staub sammeln kann – und niemand kommt in Versuchung, Kleinkram vor den Büchern abzustellen.

Dekoration trotz simplify?

Ja! Ziel der Einfachheit ist nicht Leere, sondern Fülle. Beim Entrümpeln der Wohnung geht es darum, dass Raum für Ihren inneren Reichtum

entsteht. Es gibt zahlreiche Gegenständen, die Symbol für innere Leere sind, aber auch welche, die eine Anschauung Ihrer inneren Fülle vermitteln können. Lassen Sie sich dabei von der amerikanischen Spezialistin für Lebensqualität, Sarah Ban Breathnach, inspirieren.

Bauen Sie sich Ihren »Altar« Breathnach entdeckte eines Tages in ihrem Schlafzimmer eine Stelle, die morgens von wunderbarem Licht umgeben war. Dort stellte sie ihren »Meditationstisch« auf – ein dunkelblau lackiertes Tischchen, nicht größer als eine Schuhschachtel, mit einem weißen Tischläufer, darauf ein goldener Kerzenleuchter, eine viktorianische Lithographie eines Engels und ein Bild von der Madonna mit Kind. Dazu kommen immer wieder andere

Gegenstände (Fotos von der Familie, Kristalle, Blumen, Mitbringsel von Reisen und Spaziergängen). Genießen Sie die Energie, die ein paar Gegenstände auf Sie ausstrahlen können. ein paar Sachen, die nur Ihnen gehören – auf einem Platz, der ebenfalls nur Ihnen gehört.

Füllen Sie eine Aussteuertruhe Früher war es Brauch, dass Töchter von Ihrer Mutter eine Truhe mit Gegenständen für den eigenen Hausstand erhielten. Das war nicht nur praktisch, sondern schuf eine Verbindung zwischen den Räumen der Kindheit und denen des Erwachsenseins. Auch Männer haben ein Gespür für die notwendige Kontinuität, wenn sie ihre Modelleisenbahn oder den ersten eigenen Fußball in die gemeinsame Paarwohnung mitnehmen. Das Wichtigste einer Aussteuertruhe ist nicht sichtbar, aber in den dort befindlichen Gegenständen verborgen: der Glaube der Eltern, dass das Kind auf eigenen Beinen stehen kann und eine gute Zukunft hat. Denken Sie daran, wenn Sie für Ihre Kinder so eine Truhe packen – oder wenn Sie sich dankbar daran erinnern, welche Gegenstände Ihre Eltern Ihnen bewusst anvertraut haben.

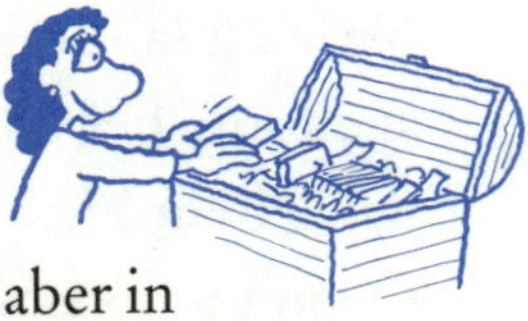

Richten Sie eine Spielzeugkiste ein Spielen fällt vielen Erwachsenen schwer, besonders Frauen. Breathnach rät: »Denken Sie an die Spielsachen, die Sie sich als Kind gewünscht,

aber nie bekommen haben.« Sie ermuntert dazu, sich den einen oder anderen Wunsch von damals zu erfüllen. Denn: Spiel bedarf keiner Rechtfertigung, niemals. Zwischen der Arbeit immer wieder einmal etwas Zweckfreies zu tun und einfach zu spielen, kann Ihr Leben retten, ergab eine schwedische Untersuchung bei infarktgefährdeten Patienten. Spielen Sie auch ab und zu, wenn Sie viel am Computer arbeiten. Eine Patience hat schon immer entspannt, ob mit echten Karten oder am Bildschirm.

simplify-Farbkunde für Blumendeko Ob als Geschenk oder als Dekoration fürs eigene Heim: Blumen sind gut für die Seele. Hier die wichtigsten Erkenntnisse über die Wirkung von Blütenfarben auf unser Gemüt:

- Beruhigung: Blumenbeete und Arrangements, die in fein abgestuften Tönen einer Farbe angelegt sind (Dunkelgelb, Mittelgelb, Hellgelb) oder aus benachbarten Farben bestehen (Orange und Rot, Grün und Blau), wirken mäßigend und sammelnd.

- Belebung: Ausgeprägte Kontraste (Rot und Grün, Blau und Orange) verstärken die Leuchtkraft der Farben, was Vielfalt und Lebendigkeit vermittelt. Auf die Seele hat das eine vitalisierende Wirkung.
- Geborgenheit: Gelb, Orange und Rot sind warme Farben und »rücken« zum Betrachter hin. Ein Garten oder eine Blumenbank in diesen Tönen vermittelt Nähe und Geborgenheit.
- Erweiterung: Blautöne suggerieren eine größere Entfernung. Mit ihnen können Sie in jedem Zimmer das Gefühl von Weite verstärken.

Abstellräume: Ihre persönliche Freiheit

Sehr schnell wird eines Ihrer Zimmer zu einem Aufbewahrungsort für alles, was keinen richtigen Platz hat. Solche »toten« Räume in Ihrer direkten Umfeld sind wie ein Klotz am Bein und bremsen Ihre Lebensfreude und Kreativität. Entrümpeln Sie sie vollkommen – wenn das nicht möglich ist, halten Sie zumindest die Dinge dort sauber und geordnet.

Keller: Vergangenes und Unbewusstes

Erinnern Sie sich: Dinge, die sie nicht wegwerfen, weil Sie noch einmal gebraucht werden könnten, sind Fesseln an die Vergangenheit. Gerade der Keller neigt zum Überquellen und Verwildern. Dabei lagern wir im Keller nicht nur, was wir irgendwann noch einmal brauchen könnten, sondern sogar Gegenstände, von denen wir längst wissen, dass wir sie *nicht* zum Leben brauchen. Warum heben wir sie dennoch auf? Weil unser Unterbewusstsein uns davon abhält, sie zu entsorgen. Gerümpel im Keller steht symbolisch für ungelöste Probleme und Aufgaben – meist in der Verwandtschaft. Schauen Sie sich die Dinge in Ihrem Keller an und überlegen Sie. Vielleicht leiden Sie noch unter einer besonderen Last, die ein Vorfahre Ihnen aufgebürdet hat. Oder Sie versuchen durch gelagertes Gerümpel, Unausgesprochenes in der Familie unter der Oberfläche zu halten.

Chaos im Keller kann direkte seelische Auswirkungen haben: Antriebslosigkeit, Melancholie oder gar Depression. Wenn Sie Ihr Untergeschoss ausräumen, lösen sich häufig die damit verbundenen inneren Blockaden. Sie gehen auf die alten Schwierigkeiten zu und packen mit frischer Energie den Stier bei den Hörnern. Dieser Effekt kann jedoch auch dazu führen, dass Menschen ihre Kellerräume vollkommen vernachlässigen – weil sie ahnen,

dass sie dabei den »Leichen im Keller« ihrer Seele begegnen.

Wenn Sie im Keller nur Sachen lagern, die Sie mindestens einmal im Jahr benutzen, dann erfüllt er einen guten Zweck. Achten Sie auch darauf, dass Sie alles direkt erreichen können – und nicht erst den Gartentisch wegschieben müssen, um an die Schlitten zu kommen. Mit folgenden sieben Regeln schaffen Sie es, in Ihrem Keller klar Schiff zu machen. Fragen Sie sich dabei: »Wenn ich ein neues Haus bauen würde, wofür würde ich den Keller am meisten nutzen?« Zum Lagern von Lebensmitteln, als Wäscheraum, Hobbyraum oder Weinkeller? Die Antwort auf diese Frage erleichtert Ihnen die Entscheidung, was Sie in Ihrem Keller wirklich brauchen – und vor allem: was nicht!

Die Drei-Stunden-Methode Größtes Problem bei großen Aufgaben: Sie erscheinen so riesig, dass Sie sie gar nicht erst in Angriff nehmen. Aufräum-Profis empfehlen, sich ein Zeitlimit zu setzen, etwa drei Stunden. Machen Sie sich klar, dass Ihre Zeit kostbar ist – dann treffen Sie Wegwerf-Entscheidungen schneller und präziser: Das kaputte Fahrrad darf dann als unreparierbar gelten, Klaras alte Pappmaschee-Basteleien wird nach zwei Jahren Kellerdasein niemand vermissen und so weiter.

Arbeiten Sie in Wellen Kein Keller ist in einer einzigen Aktion zu schaffen. Nehmen Sie sich beispielsweise Samstag für Samstag einzelne Abschnitte vor. Die erste Welle ist dabei immer: Raus, was sofort entsorgt werden kann! Weil Kellerräume meist sehr kompakt zugestellt sind, müssen Sie zunächst Platz schaffen. Nutzen Sie dabei die Gänge als zusätzlichen Arbeitsraum, entzerren Sie Kistenstapel und voll gestellte Ecken.

Sorgen Sie für gute Behälter Was langfristig im Keller gelagert werden muss, gehört in wasserdichte Behälter. Weil in fast jedem Untergeschoss mikroskopisch kleine Pilze wachsen, nehmen Ihre Sachen sonst den typischen muffigen Kellergeruch an. Besonders lästig ist das bei Kleidung. Besorgen Sie sich luftdichte »Universalkisten«. In Baumärkten finden Sie die größte Auswahl solcher Container. Wenn Sie nur Pappkartons zur Verfügung haben, wickeln Sie die Sachen vor dem Verstauen dicht in große Plastiksäcke. Sind Schimmel und Modergeruch sehr stark, sollten Sie Ihren Keller entfeuchten – mit einem chemischen Kondensator oder einem elektrischen Entfeuchter.

Beschriften Sie, was Sie nicht sehen können Bevor Sie etwas in einen Behälter ohne Aufschrift stecken, können Sie es eigentlich gleich wegwerfen. Bewahren Sie in Ihrem Kellerraum einen dicken Filzschreiber und selbstklebende Etiketten auf, damit Sie Kisten sofort eindeutig beschriften können – und zwar grundsätzlich an den Seiten, nicht oben, falls die Kisten gestapelt werden. Beschreiben Sie den Inhalt möglichst genau (»Rote und blaue Christbaumkugeln« anstatt »Diverses Dekomaterial«).

Beleuchten Sie dunkle Ecken Viele Kellerräume sind ausgesprochen sparsam mit Lampen ausgestattet. Die Folge: Wer etwas abstellt, parkt es ganz vorn, wo es einigermaßen hell ist – und bald gibt es einen Stau. Ersetzen Sie daher im Zuge Ihrer Aufräumaktion die funzlige Glühbirne durch eine großzügige Leuchtstoffröhre. Oder besorgen Sie sich im Baumarkt eine Arbeitslampe mit extralangem Kabel. Auch sehr effizient, besonders während der Aufräumaktion selbst ist ein 1 000-Watt-Halogenfluter (ebenfalls aus dem Baumarkt), wie ihn Handwerker auf Baustellen benutzen.

Sichern Sie Ihren Besitz – und sich selbst Besorgen Sie sich Rauchmelder! Die netzunabhängigen Geräte (die Batterie hält zwei Jahre) sind leicht zu installieren, geben bei Brandgeruch einen markerschütternden Ton von sich und sind – verglichen mit möglichen Brandschäden – spottbillig (ab 20 Euro). Es gibt auch funkgesteuerte Rauchmelder, falls Ihr Kellerraum weit von Ihrer

Wohnung entfernt liegt (ab 40 Euro). Etwas schwieriger zu bekommen sind Wassermelder, die bei Rohrbruch oder überlaufenden Kellerschächten Alarm geben. Einige Hersteller bieten Geräte ab 15 Euro an.

Nicht in den Keller gehören volle Benzinkanister und andere leicht entflammbare Dinge wie Campingkocher. Lagern Sie so etwas in der Garage. Farben dagegen sind frostempfindlich. Die sind wiederum im Keller besser aufgehoben, aber in möglichst großem Abstand von Heizungsanlagen.

Halten Sie Bodenabstand Auch wenn Sie einen Wassermelder haben: Verstauen Sie alle Gegenstände im Keller so, als ob der Fußboden ständig 3 Zentimeter hoch mit Wasser bedeckt wäre. Stellen Sie nur wasserfeste Behälter direkt auf den Boden, Pappkisten dagegen stets auf Latten oder ausgemusterte Euro-Paletten. Unter einer unbelüfteten Fläche bilden sich schnell Schimmel und Muffelgeruch. Außerdem haben Sie bei Wassereinbruch gute Chancen, Ihre Sachen noch unversehrt zu retten.

Dachboden: Ideen und Zukunft

Wenn Sie etwas auf dem Dachboden lagern, verschaffen Sie sich damit erst einmal Raum und haben den Krempel nicht mehr in Ihrem Wohnbereich. Er begegnet Ihnen aber wieder. Spätestens, wenn Sie sich irgendwann einmal hinaufwagen, um etwas zu suchen. Wenn Sie dann feststellen, dass Sie all die Dinge gar nicht vermisst haben, ist es höchste Zeit, Ihren Dachboden zu befreien – von Erinnerungsstücken an nicht mehr ausgeübte Hobbys, abgetragenen Kleidern und allem anderen Unnötigen. Ein voll gestopfter Dachboden behindert Ihre Entwicklungsmöglichkeiten wie eine Decke, durch die eine Pflanze nicht hindurchwachsen kann.

Sie kennen bestimmt das Gefühl, an einem schönen Aussichtspunkt zu stehen, von dem aus man den Himmel sehen kann, und dabei ins Schwärmen zu geraten und von Dingen zu träumen, die Sie in Zukunft tun wollen. Wer an größere Lebensthemen denkt, schaut oft unbewusst nach oben in den Himmel oder in die Ferne. Befreien Sie Ihr Haus von Dingen, die diese Verbindung nach oben versperren.

Entrümpeln Sie Ihren Dachboden und Sie entdecken Perspektiven, von denen Sie bisher nicht zu träumen wagten.

Eröffnen Sie ein Zwischenlager Wenn Ihnen bei manchen Gegenständen das Wegwerfen besonders schwer fällt (Kleidungsstücke, Souvenirs, alte Schulhefte), dann entsorgen Sie in Etappen. Dafür ist der Dachboden gut geeignet. Packen Sie alles in eine Kiste, schreiben Sie Inhalt und das aktuelle Datum drauf und lagern Sie diese Kiste unter dem Dach. Wenn Sie feststellen, dass Sie kein Stück aus der Kiste vermisst haben, geben Sie das Ganze nach einem Jahr am besten ungeöffnet weg.

Kreativplatz Ein schön ausgebautes Dachgeschoss als Heimbüro oder Atelier ist der beste Ort für kreative Tätigkeiten. Hier stehen Sie über den Dingen und können malen, schreiben oder Strategien für die nächsten Jahre ausarbeiten. Chefs von Großunternehmen wählen deshalb für Ihr Büro meist das oberste Stockwerk des höchsten Firmengebäudes.

Hausputz:
Wischen oder weise werden?

Putzen ist nichts anderes als der Kampf der Menschen gegen den natürlichen Verfall. Das sehen Sie besonders gut an unbewohnten Häusern oder verlassenen Straßenzügen: Die Natur holt sich diese Orte sehr schnell zurück; Pflanzen wuchern, Mauern werden feucht, Staub und Erde bedecken bald alle Oberflächen.

Eine saubere, geordnete Wohnung ist ein Zeichen dafür, dass Leben stattfindet. Vielleicht fällt es Ihnen schwer, das lästige Übel Putzen unter diesem Aspekt zu sehen – vor allem, wenn Sie permanent unter Zeitdruck sind oder alles alleine machen müssen. Doch letztendlich ist Saubermachen ein Beitrag zur Lebenserhaltung. Finden Sie den

Sinn darin. Sie brauchen nicht jedem Staubkorn hinterherzujagen – entwickeln Sie ein Gefühl dafür, welche Reinigungsarbeiten wirklich regelmäßig nötig sind und welche Sie sich sparen können. So werden Sie erreichen, dass Sie sich in Ihrer Umgebung wohl und ausgeglichen fühlen.

Routinearbeiten als Kraftquelle

Der Tag war für Anne überfüllt wie immer: die Kinder zur Schule fahren, die Arbeit im Krankenhaus begann mit einem Notfall, abends einen Vortrag in der Volkshochschule halten ... aber jetzt saugte sie in aller Ruhe das Wohnzimmer. Wie das? Anne hatte die Seelenkraft alltäglicher Arbeiten entdeckt. »Arbeit mit den Händen befreit den Geist«, schreibt die Psychologin Kathleen Kendall-Tackett. Und so funktioniert es:

Betrachten Sie Ihre Gedanken Wenn über Ihrer Putztätigkeit ein großes Transparent mit einer Parole hinge, was stünde darauf? »Meine persönliche gescheiterte Emanzipation«,

»Niemand hilft mir« oder »So tief bin ich als Pantoffelheld gesunken«? Entwerfen Sie neue, Mut machende Überschriften: »Das ist die Arbeit, die mich erdet« oder »Stunden der Einfachheit«. Die Arbeiten im Haushalt müssen getan werden, ob Sie darüber böse sind oder nicht. Warum sie dann nicht mit guten Empfindungen tun?

Entdecken Sie den liebevollen Aspekt »Arbeit ist sichtbar gemachte Liebe«, sagt der libanesische Dichter Kahlil Gibran. Die Liebe besteht nicht darin, etwas Außergewöhnliches zu tun, sondern die gewöhnlichen Dinge des Lebens einfühlsam und sachgemäß erledigen zu können. Manchmal auch dadurch, dass Sie etwas ganz Einfaches mit außergewöhnlicher Meisterschaft machen.

Lernen Sie von den Benediktinern Mönche und Nonnen müssen ihre Klöster in der Regel selber putzen – weil die einfachen Arbeiten eine besondere spirituelle Dimension haben. Das ist bei den Buddhisten ebenso wie in

christlichen Orden. Besonders weit entwickelt wurde diese Kultur durch den heiligen Benedikt. Er schreibt in seiner Regel: »Betrachte alle Geräte und allen Besitz des Klosters als heiliges Altargerät.« Eine Aufspaltung in Weltliches und Heiliges ist ihm fremd.

Fangen Sie einfach an Beginnen Sie mit einer Haushaltsarbeit, die Sie gerne tun. Bei Ihrer Lieblingstätigkeit fällt Ihnen das Meditieren am leichtesten. Wenn es dort klappt, werden Sie es bald auch bei den unbeliebteren Pflichten schaffen.

Schaffen Sie sich Raum Sorgen Sie dafür, dass Sie während Ihrer Arbeit ungestört sind. Teilen Sie den anderen Familienmitgliedern mit, dass Sie die nächste Stunde bügeln und allein bleiben wollen. Gestalten Sie Ihren Arbeitsraum schön, mit einer Pflanze, einer Kerze oder was Ihnen sonst gut tut.

Umgeben Sie sich mit Klang Ihrem Wunsch sich zu entstressen, sind Fernsehtöne aus dem Nebenzimmer oder heftiger Straßenverkehr abträglich. Übertönen Sie solche Störungen mit einer gleichmäßigen Geräuschkulisse. Das Brummeln der Waschmaschine oder das Gebläse des Staubsaugers, so fand Kathleen Kendall-Tackett in ihren Studien heraus, hilft Ihrem Geist, sich zu entspannen. Auch ruhige Musik, die sich nicht in Ihr Bewusstsein drängelt, ist gut geeignet.

Verwenden Sie gutes Werkzeug Ist Ihr Staubsauger extralaut, schwergängig und saugt er nicht gut, dann ist er Gift für Ihren Entspannungswunsch. Leisten Sie sich neue, einwandfrei arbeitende Geräte. Erst wenn die Bügeleisensohle wirklich sanft über die Wäsche gleitet, können Sie auch sanft zu sich selbst sein.

Nutzen Sie Ihre Atemkraft Beginnen Sie mit drei, vier tiefen und bewussten Atemzügen. Nichts konzentriert Sie mehr auf Ihre innere Mitte als die durch Ihre Lungen strömende Luft. Wenn während der Arbeit Ärger oder andere un-

gute Gefühle aufsteigen, wiederholen Sie die Atemübung. Der psychologische Effekt ist erstaunlich.

Entdecken Sie das Gleichnis Wenn Sie den Teppich saugen oder den Fliesenboden wischen, entfernen Sie Schmutz. Mit jedem äußeren Reinigungs- oder Ordnungsvorgang ist auch ein innerer verbunden, so wie die Räume Ihrer Wohnung Symbole für Abteilungen Ihrer Seele sind.

Bleiben Sie achtsam Verjagen Sie negative Gedanken, die Sie von Ihrer Arbeit wegziehen (»Was könnte ich jetzt nicht viel Sinnvolleres und Schöneres tun!«). Damit wäre Ihr Körper an einem anderen Ort als Ihre Seele, und das verursacht immer mentale und oft auch körperliche Schmerzen. Wenn es Ihnen gelingt, sich allein auf die momentane Arbeit zu konzentrieren, werden Sie ruhig und froh.

Kehren Sie dankbar zurück Wenn Sie mit der Arbeit fertig sind und in die normale Welt zu-

rückkehren wollen, verharren Sie noch einen Augenblick

und reflektieren Sie über die Dankbarkeit. Sehen Sie wohlwollend auf das, was Sie geschafft haben und auf die Ruhe in sich selbst.

Kathleen Kendall-Tackett hat noch einen reizvollen Zusatzeffekt dieser Übungen entdeckt: Seit sie ihre Hausarbeit nicht mehr als Strafe oder Qual empfindet, bieten die anderen Familienmitglieder ihr viel häufiger ihre Mithilfe an.

Alle helfen mit

Oft bleibt fast die gesamte Hausarbeit an einer Person hängen. Teilen Sie die Arbeit, dann teilen Sie auch das Leben. Folgendes System hat sich glänzend bewährt:

1. Aufgaben verteilen Besprechen Sie mit Ihrem Partner beziehungsweise Ihrer Familie, wer welche Aufgaben dauerhaft übernehmen könnte. Seien Sie kreativ, sammeln Sie so viel

wie möglich. Lassen Sie sich nicht mit dem Klassiker »Müll runtertragen« abspeisen.

2. Schilder herstellen Beschriften Sie Magnetschilder mit Hausarbeiten, die Ihr Partner wöchentlich durchführen soll. Wenn Sie Kinder haben, dann beziehen Sie diese entsprechend ihrem Alter ein (jüngere Kinder erhalten weniger Schilder). Wählen Sie Tätigkeiten, die Ihr Partner und Ihre Kinder bisher gelegentlich auch schon erledigt haben: Staubsaugen, Geschirrspüler ausräumen, Wäsche aufhängen. Lassen Sie dabei Arbeiten aus, die an einem bestimmten Tag erledigt werden müssen (wie zum Beispiel Einkaufen). Dann haben Ihre Familienmitglieder mehr Freiraum und Sie weniger Frust.

3. Farben vergeben Kennzeichnen Sie die Schilder farbig. Jedes Familienmitglied erhält eine andere Farbe. Heften Sie die Schilder an die linke Hälfte der Kühlschranktür. Wenn Sie einen »unmagnetischen« Einbaukühlschrank haben, besorgen Sie sich eine Magnettafel (im Baumarkt oder Schreibwarenhandel).

4. Spielregeln vereinbaren Erklären Sie Ihrer Familie, dass nach Erledigung einer Hausarbeit das fröhliche Umlegen des jeweiligen Schildes auf die andere Kühlschrankseite erfolgen kann. Somit braucht niemand eine Hausarbeit unbemerkt zu erledigen, jede Tätigkeit wird gewürdigt.

Die Magnet-Methode bewährt sich besser als Aufgabenlisten. Listen sind auf Dauer zu umständlich, weil sie immer wieder neu geschrieben werden müssen. Sie funktionieren nicht – sie liegen irgendwo, sie sind zu voll, keiner nimmt sie ernst und neu sind sie nach dem Abstreichen schon gar nicht.

5. Datumsgrenze Wochenende Was bis zum Freitag nicht geschafft wurde, muss am Wochenende aufgeholt werden. Darunter leiden begehrte Wochenendaktivitäten. Das motiviert alle, ihre Jobs von Montag bis Freitag zu erledigen. Nur notfalls gibt es am Anfang der nächsten Woche noch eine Chance.

6. Lob austeilen Die Erfahrungen zeigen, dass bereits das Umlegen des Magnetschildchens Bestätigung und Motivation schafft. Es ist ein-

fach schön, eine Aufgabe erledigt zu haben. Sagen Sie als Hausfrau Ihren Helfern trotzdem ab und zu, wie sehr Sie durch

diese Mitarbeit selbst motiviert werden, all die vielen restlichen Hausarbeiten zu erledigen (für die Sie keine Schilder angefertigt haben).

7. Richten Sie Ihre persönlichen Magnetschilder ein Wenn Sie dazu neigen, sich zu überarbeiten und Anfälle von Selbstmitleid kennen, dann schreiben Sie sich selbst auch Magnetschildchen – aber mit Dingen, die Sie für

sich selbst oder mit den anderen tun dürfen: Kinoabend, Spaziergang, Spieleabend, Freundin besuchen und Ähnliches.

Der Putzwagen

Die Profis in Hotels machen es vor: Zimmermädchen schieben einen praktischen Putzwagen durch die Flure und haben so ganz schnell jedes Zimmer tipptopp in Schuss. Solche Wagen haben Platz für Eimer, Besen, Staubsauger, Lappen, Müllsack und Reinigungsmittel. Erhältlich sind sie bei Fach-Versandhäusern – von kleiner Ausführung (ab ca. 20 Euro, Platz für einen Eimer und ein paar Flaschen) bis zur richtigen Profilösung (ca. 150 Euro, Platz für vier Eimer und mit mehreren Schubfächern für Reinigungsmittel). Passen Sie den Wagen Ihren Bedürfnissen an. Statt des Eimers können Sie auch einen Staubsauger auf dem Wagen parken oder aus dem Müllsack einen Altkleidersack machen.

Wenn Sie wegen Türschwellen oder Treppen keinen solchen Wagen gebrauchen können, basteln Sie sich einen Putzkorb: ein großer flacher Korb aus dem Blumenladen bietet Platz für Abfallschale, Putzmittel, Schwamm, Tücher und noch ein schönes simplify-Utensil: die ausrangierte Kreditkarte zum Abschaben von klebrigen Resten.

Wofür Sie sich auch entscheiden – die Idee, alle Putzwerkzeuge in einer mobilen Einheit zusammenzufassen, ist eine erprobte und noch viel zu selten in die Tat umgesetzte Vereinfachung.

simplify-Hausordnung

Damit dieses Büchlein Sie einem einfacheren und gücklicheren Leben ohne unnötigen Ballast näher bringt, finden Sie hier eine kleine simplify-Hausordnung.

Hängen Sie sie gut sichtbar auf oder verteilen Sie sie an jedes Familienmitglied – Sie können immer wieder draufschauen, wenn Sie in alte lästige Gewohnheiten zurückfallen. Es steht Ihnen natürlich offen, die Hausordnung Ihren eigenen Bedürfnissen anzupassen. Auch wenn Sie allein wohnen, bringt ein »Vertrag mit sich selbst« Sie einem aufgeräumten, einfacheren Leben ein großes Stück näher. Versehen Sie Ihre Ausordnung aber bitte mit ein paar lustigen Grafiken oder einer ulkigen Überschrift: Ohne Humor kann Ordnung schnell unerträglich werden.

§ 1: Alle helfen mit

Das ist eine der schwierigsten Aufgaben, die es in der Familie zu lösen gilt. Ein bewährtes System dazu haben Sie bereits im Kapitel »Hausputz: Wischen oder weise werden?« (ab Seite 121), kennen gelernt. Vereinbaren Sie, dass am Beginn jeden Monats neu verhandelt wird: Wer schuftet zu viel, wer tut zu wenig?

§ 2:
Wir halten uns an folgende sieben Regeln:

- Finde für alles einen festen Platz.
- Wenn du etwas herausnimmst, lege es wieder zurück.
- Wenn du etwas öffnest, schließe es wieder.
- Wenn dir etwas heruntergefallen ist, hebe es wieder auf.
- Wenn du etwas heruntergenommen hast, hänge es wieder auf.
- Wenn du etwas nachkaufen musst, schreibe es sofort auf.
- Wenn du etwas reparieren musst, kümmere dich innerhalb einer Woche darum.

§ 3:
Das entsorgen wir ab sofort regelmäßig:

- alte Reiseprospekte,
- Zeitungen, die älter als eine Woche sind,
- Kataloge, die älter als ein halbes Jahr sind,
- Zeitschriften, die keine Artikel enthalten, die wir langfristig brauchen,
- Briefpapier mit nicht mehr aktuellen Daten,
- Landkarten, die älter sind als drei Jahre, oder von Ländern, die wir in den nächsten zwei Jahren nicht besuchen werden,

- Unterlagen aus Schul- und Studienzeiten, alte Weihnachtskarten,
- etwa die Hälfte aller lieb gewordenen Kinderzeichnungen (nur die schönsten aufheben, das steigert den Wert),
- schlecht getroffene Fotos und Schnappschüsse sowie Fotos, die uns nur traurig machen oder ein ungutes Gefühl hinterlassen,
- Bücher, die uns nicht mehr weiterbringen oder die veraltete Informationen enthalten,

- Wandkalender vergangener Jahre,
- Kochrezepte, die wir noch nie ausprobiert haben,
- Gebrauchsanleitungen und Ersatzteile von Geräten, die wir gar nicht mehr besitzen,
- Garantieurkunden, die älter sind als die Garantiezeit,
- Kleidungsstücke, die niemand mehr trägt,
- Haushaltsartikel, die wir gar nicht mehr benutzen,
- Kleinkram aus Schubladen und Regalen,
- Medikamente, deren Verfallsdatum abgelaufen ist,
- Geschirr und Besteckteile, die nicht mehr auf den Tisch kommen,
- Dekorationsmaterial, das wir nicht mehr verwenden,
- CDs, Schallplatten und Videos, die wir nie wieder anhören oder ansehen werden,
- CDs und Disketten mit Computer-Programmen (plus deren Handbücher), die wir nie wieder installieren,
- Steuerunterlagen, deren Aufbewahrungsfrist abgelaufen ist (zehn Jahre nach demjenigen 31.12., welcher der Zustellung des Steuerbescheides folgte),

- Souvenirs und Geschenke, die zu toten Gegenständen geworden sind, weil Sie deren Zusammenhänge und Werte nicht mehr im Herzen haben,
- abgenutztes Werkzeug und alle anderen Dinge, die beim eventuellen nächsten Gebrauch nicht mehr einwandfrei funktionieren.

Willst du das Land in Ordnung bringen,
so musst du zuerst die Provinzen
in Ordnung bringen.
Willst du die Provinzen in Ordnung bringen,
so musst du zuerst die Städte
in Ordnung bringen.
Willst du die Städte in Ordnung bringen,
so musst du zuerst die Familien
in Ordnung bringen.
Willst du die Familien in Ordnung bringen,
so musst du zuerst dich selbst
in Ordnung bringen.

Aus dem Orient

Werner Tiki Küstenmacher
mit Lothar J. Seiwert
simplify
your life
Jetzt mit neuen Tipps und Ideen
Einfacher und glücklicher leben
Der Nr.1-Bestseller
campus

Werner Tiki Küstenmacher
simplify
your life